TOPIK 토픽 II 쓰기, 전략으로 끝!

TOPIK 토픽 II 쓰기, 전략으로 끝!

발행일 1판 1쇄 2024년 10월 21일

지은이 성하춘
펴낸이 박영호
기획팀 송인성, 김선명
편집팀 박우진, 김영주, 김정아, 최미라, 전혜련, 박미나
관리팀 임선희, 정철호, 김성언, 권주련
펴낸곳 (주)도서출판 하우

주소 서울시 중랑구 망우로68길 48
전화 (02)922-7090
팩스 (02)922-7092
홈페이지 http://www.hawoo.co.kr
e-mail hawoo@hawoo.co.kr
등록번호 제2016-000017호

값 25,000원
ISBN 979-11-6748-185-6 13710

* 한국어능력시험(TOPIK)의 저작권과 상표권은 대한민국 국립국제교육원에 있습니다.
  TOPIK, Trademark® & Copyright© by NIIED(National Institute for International Education), Republic of Korea.

* 이 책의 저자와 (주)도서출판 하우는 모든 자료의 출처 및 저작권을 확인하고 정상적인 절차를 밟아 사용하였습니다.
  일부 누락된 부분이 있을 경우에는 이후 확인 과정을 거쳐 반영하겠습니다.

* 이 책은 저작권법에 따라 보호받는 저작물이므로 무단 전재와 무단 복제를 금지하며,
  이 책 내용의 전부 또는 일부를 이용하려면 반드시 저작권자와 (주)도서출판 하우의 서면 동의를 받아야 합니다.

TOPIK 토픽 II 쓰기, 전략으로 끝!

한국어능력시험(TOPIK) II

성하춘 저

도서출판 夏雨

머리말

한국어 학습자, 한국어 선생님 여러분! 안녕하세요. 반갑습니다. 여러분 모두를 환영합니다.

한국어능력시험 TOPIK II 쓰기 문제는 한국어 학습자들뿐만 아니라 한국어 선생님들도 접근하기 쉽지 않습니다. 한국어 학습자들은 토픽 II 쓰기에서 어려운 어휘들, 문법 표현들을 응용해서 알맞은 말이나 글을 써야 하고 주제에 맞는 긴 글도 짧은 시간에 써야 하기 때문에 어렵습니다. 한국어 선생님들 또한 한국어 학습자들에게 시험 한국어를 어떻게 쉽게 쓸 수 있게 할지 그 내용과 방법을 명확하고 제시하지 못할 때가 있습니다.

이처럼 접근하기 어려운 토픽 II 쓰기 문제에 한국어 학습자와 한국어 선생님이 조금이나마 쉽게 접근할 수 있도록 저는 토픽 쓰기에 관한 책을 쓰는 노력을 해왔습니다. 《TOPIK 적중특강(중급)(문법 쓰기 읽기)》(한글파크, 2011), 《TOPIK(토픽2) 쓰기, 이 책으로 끝!》(하우, 2015)이 그러한 노력의 산물입니다. 이 책들이 한국어 학습자들과 한국어 선생님들께 얼마나 도움을 주었는지는 모르겠습니다. 다만, 조금의 도움이 되었다면 다행입니다.

그런데 한국어능력시험이 오랜 기간 실시됨에 따라 형식과 내용이 변화하고 문제의 경향과 주제가 달라지게 되었습니다. 뿐만 아니라 한국어 학습자들도 토픽 II 쓰기 학습에서 효율적인 방법을 찾게 되었습니다. 이에 저는 토픽 II 쓰기에 접근하는 방법을 새롭게 구성하기로 하였습니다. 각 문제의 전략을 제시하고 기출 문제를 해설한 후, 쉬운 문제에서 어려운 문제로, 간단한 문제에서 복잡한 문제로 학습자가 나아갈 수 있도록 배려하였습니다.

이런 맥락에서 《TOPIK 토픽II 쓰기, 전략으로 끝!》을 저술하게 되었습니다. 이 책을 통해서 한국어 학습자들이 토픽 II쓰기에 자신감을 얻으셨으면 합니다. 지름길은 제시할 수 없지만 효율적인 학습 순서는 제시했다고 생각합니다.

주지하듯이, 세종대왕께서 한글을 만들고 다음과 같은 노래를 짓게 했습니다.

뿌리가 깊은 나무는 바람에도 한들리지 않기에 그 꽃이 아름답고 열매도 풍성합니다.
샘이 깊은 물은 가뭄에도 그치지 않기에 냇물이 되어 바다로 갑니다.

-<용비어천가> 2장

위의 노래처럼 한국어 학습자들이 이 책을 통하여 한국어능력시험 TOPIK Ⅱ 쓰기 실력이 뿌리가 깊게 되고 샘이 깊어져서 원하는 꽃과 열매, 냇물과 바다가 되셨으면 좋겠습니다.
또한 한국어 선생님들께서도 이 책을 통하여 한국어 학습자들이 바라는 꽃과 열매로, 냇물과 바다로 갈 수 있게 도움을 주셨으면 합니다.

지금까지 도움을 주셨던 여러 대학교와 교수님들, 강사님들께 진심으로 감사드립니다. 이 책의 출간에 물심양면으로 도움을 주신 ㈜도서출판 하우의 박민우 대표님께 진심으로 감사드립니다. 또한 송인성 팀장님과 편집진께도 감사의 말씀 드립니다.

2024년 9월
성 하 춘

한국어 학습자들께

《TOPIK 토픽Ⅱ 쓰기, 전략으로 끝!》는 학습자 중심 교재를 지향하였습니다. 학습자가 스스로 주체적이며 능동적으로 한국어능력시험 쓰기에 적응하도록 하였습니다.

<Ⅰ. 앞뒤 맥락을 확인하여 알맞은 말 쓰기>에서는 51번 쓰기를 다루었습니다. 여기에서 학습자 여러분은 (   ) 앞뒤 맥락에서 어휘와 문법을 찾으실 수 있습니다. 51번 쓰기 전략을 확인하시고 연습 문제와 실전 문제에 집중해서 풀어주시면 51번 문제는 쉽게 쓰실 수 있습니다.

<Ⅱ. 단락의 맥락에 맞게 (   )에 알맞은 말 쓰기>에서는 52번 쓰기를 다루었습니다. 여기에서도 학습자 여러분은 (   ) 앞뒤 맥락에서 어휘와 문법을 찾으실 수 있습니다. 다만, 여기에서는 단락의 모습인 중심 문장과 뒷받침문장의 관계도 아셔야 더 쉽게 쓰실 수 있습니다. 여기에서도 어휘 찾기, 문법 찾기를 연습하시고 실전 문제로 가시면 어렵지 않게 쓰실 수 있습니다.

<Ⅲ. 도표와 그래프를 설명하여 쓰기>에서는 53번 쓰기를 다루었습니다. 여기에서는 이미 정해진 도표와 그래프를 설명하는 표현을 정리하였습니다. 이 표현을 익히시고 응용하여서 쓰시면 되겠습니다. 뿐만 아니라 그 순서도 익히신다면 높은 점수를 받으실 수 있습니다.

<Ⅳ. 주제 및 질문에 맞게 글쓰기>는 54번 글쓰기 문제입니다. 이 문제에 대한 글쓰기를 하기 위해서는 미리 여러 주제를 가지고 써 보는 방법이 가장 좋습니다. 또한 그 주제를 알기 위해서는 어휘를 포함한 그 표현들을 익히셔야 합니다.

《TOPIK 토픽Ⅱ 쓰기, 전략으로 끝!》에서는 54번 글쓰기를 한국어 학습자들이 쓰실 수 있도록 각 단락에 맞는 표현과 내용을 준비하였습니다. 이 표현과 내용들을 중심으로 정리해 주시기 바랍니다. 그리고 그 유사한 문제가 나온다면 활용해서 쓰십시오. 좋은 점수를 받을 수 있습니다.

쓰기는 하루아침에 완성되지 않습니다. 그러나 토픽Ⅱ 쓰기에서 좋은 점수를 받는 방법은 있다고 봅니다. 《TOPIK 토픽Ⅱ 쓰기, 전략으로 끝!》에서 각 문제에 대한 글쓰기 전략을 보여드렸다고 생각합니다. 여러분께서 이와 같은 전략과 방법을 응용하신다면 원하는 점수를 받을 수 있다고 생각합니다.

한국어 학습자 여러분! 이 책의 전략을 익히시고 연습 문제, 실전 문제를 충분히 음미하십시오. 그리고 토픽 Ⅱ 쓰기에서 높은 점수를 받고 같이 축배의 잔을 들고 즐겨봅시다. 감사합니다.

한국어 선생님들께

한국어 선생님, 안녕하십니까? 한국어능력시험 Ⅱ 쓰기에 대한 교수학습 방안이 어떠셨는지요? 쉽지 않으셨을 줄 압니다. 이런 문제의식으로 《TOPIK 토픽Ⅱ 쓰기, 전략으로 끝!》를 마련하게 되었습니다.

《TOPIK 토픽Ⅱ 쓰기, 전략으로 끝!》는 학습자 중심 교재로 기획되었습니다. 각 문제의 구성을 말씀드립니다.

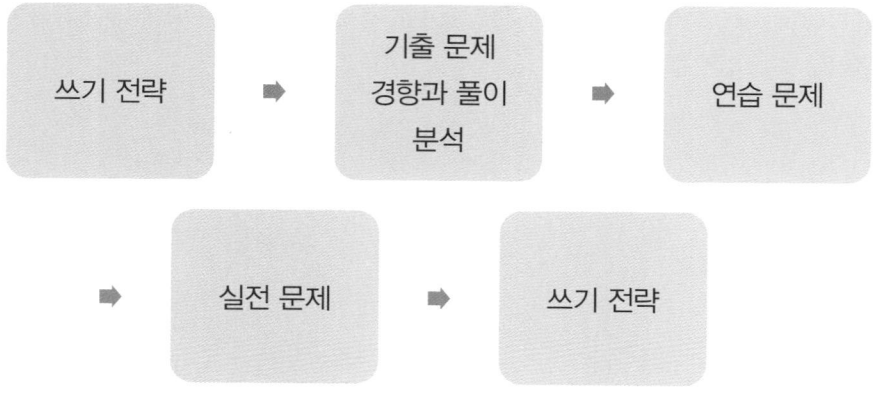

먼저, 전략을 미리 제시하고 문제 출제의 경향과 풀이를 분석하였습니다.

다음으로, 문제 구성을 쉬운 것에서 어려운 것으로, 간단한 것에서 복잡한 것으로 구성하였습니다. 51번, 52번의 경우에는 어휘와 문법을 먼저 찾는 연습을 하게 한 후 실전 문제로 넘어가게 하였습니다. 53번도 도표와 그래프의 표현을 순서대로 하나씩 익히게 하고 완전한 문제를 풀 수 있도록 했습니다. 54번도 마찬가지로 각 단락을 쓸 수 있게 하고 완전한 세 단락을 쓸 수 있도록 기획하였습니다. 이러한 기획이 학습자에게 문제의 접근성을 부여하기 위해서 하였으므로 선생님께서 이러한 점을 반영하여 수업해 주셨으면 합니다.

마지막으로, 54번 학습자가 시험장에 오기 전에 실제로 많은 문제를 쓰는 연습을 해야 한다고 봅니다. 《TOPIK 토픽Ⅱ 쓰기, 전략으르 끝!》에 나오는 단락의 구성과 표현들, 그 흐름들을 학습자들이 익힐 수 있도록 도와주십시오. 그리고 주제와 내용, 그 표현들도 익혀서 사용할 수 있도록 지도해 주십시오.

뿐만 아니라 한국 사회에서 계속 일어나는 여러 사회 상황을 반영하여 주제에 맞는 여러 연어를 제시해 주시고, 학습자로 하여금 모국어로 아는 표현을 한국어로 정리할 수 있게 해 주신다면 학습자가 높은 점수를 받을 수 있을 것이라고 봅니다.

감사합니다.

한국어능력시험 TOPIK II 쓰기 소개

1. 한국어 학습자의 한국어 사용능력 측정

한국어능력시험(TOPIK, 토픽)은 **외국인 한국어 학습자와 재외 동포 한국어 학습자의 한국어 사용 능력을 측정**하는 시험입니다.

2. 국내 대학(원) 입학 및 졸업, 기업체 취업

한국어능력시험은 **국내 대학(원)입학 및 졸업, 국내/외 기업체 취업, 영주권/취업 비자 취득**, 정부초청 외국인 장학생 프로그램 진학 및 학사관리, 국외 대학의 한국어 관련학과 학점 및 졸업요건에 활용됩니다.

3. 토픽 II 쓰기 4문항에 100점

TOPIK II 쓰기는 4문항만 잘 쓸 수 있다면 듣기나 읽기보다 높은 점수를 받을 수 있습니다. TOPIK II 듣기, 쓰기, 읽기 각각 100점으로 합계 300점입니다. 듣기, 읽기는 각각 한 문항이 2점으로 50문항에 100점입니다. 그러나 쓰기는 4문항이 100점입니다. 51번, 52번은 각각 10점, 53번은 30점, 54번은 50점입니다.

<토픽 II 기본 사항>

교시	평가 영역	문항 수	시험시간	
1교시	듣기(100점)	50문항	60분	110분
	쓰기(100점)	4문항	50분	
2교시	읽기(100점)	50문항	70분	70분
합계	300점	104문항	180분	

4. 토픽 II의 쓰기 영역

가. 맥락을 확인해서 알맞은 말 쓰기: 51번, 52번

먼저, <맥락을 확인해서 알맞은 말 쓰기>가 있습니다. 51번, 52번 문항 모두 앞뒤의 맥락을 충분히 알고 있으면 쉽게 쓸 수 있습니다. 문항마다 2곳의 빈칸에 알맞은 말을 써야 합니다. 빈칸마다 5점으로 모두 20점입니다. 각각 약 5분 정도의 시간을 쓸 수 있습니다. 그래서 51번, 52번 모두 10분 정도를 사용할 수 있습니다.

<맥락을 확인해서 알맞은 말 쓰기>는 3급에서 4급의 수준을 가지고 있기 때문에 외국어로서 한국어과정에서 4급까지 공부한 한국어 학습자라면 어렵지 않게 쓸 수 있다고 봅니다.

나. 도표와 그래프를 설명하여 쓰기: 53번

다음으로, <도표와 그래프를 설명하여 쓰기>가 있습니다. 200-300글자로 한 단락을 써야 합니다. 도표와 그래프의 표현과 순서에 맞게 써야 합니다. 53번은 1문항이지만 30점입니다. 시간은 15분 정도 쓸 수 있습니다.

<도표와 그래프를 설명하여 쓰기>는 3급에서 4급 수준이라서 어렵지 않습니다. 그러나 어휘와 표현 문법 등을 연습하지 않으면 어려울 수 있습니다. 따라서 도표와 그래프에 맞는 표현과 순서를 완벽하게 익혀야 합니다.

다. 주제 및 질문에 맞게 글쓰기: 54번

<주제 및 질문에 맞게 글쓰기>가 있습니다. 600-700자로 3-4단락으로 나누어 써야 합니다. 3개의 질문이 주어지는데 주제와 질문에 맞게 단락을 쓰면 됩니다. 점수는 50점입니다. 약 25분 정도 쓸 수 있습니다.

이 문항은 주제와 질문에 맞는 문법과 어휘 표현을 사용해서 써야 하기 때문에 쉽지 않습니다. 평소에 한 주제를 여러 질문으로 나누어 연습해야 합니다.

아래 표는 <토픽 II 의 쓰기영역>을 정리한 표입니다.

<토픽 II 쓰기 기본 사항>

	문항 수	문제 형태	배점
54번	1문항	600-700자로 3-4문단 쓰기	50점
53번	1문항	200-300자로 1-2문단 쓰기	30점
51번, 52번	2문항	각각 두 문장 씩 4문장 쓰기	5점×4문장=20점
합계	4문항	4문장, 800-1,000자 쓰기	100점

5. 평가 범주

아래 평가 범주 표는 한국어능력시험 홈페이지에서 제시한 것입니다.

문항 번호	평가범주	배점
51-52	내용 및 과제 수행	• 제시된 과제에 맞게 작성한 내용으로 썼는가?
	언어사용	• 어휘와 문법 등의 사용이 정확한가?
53-54	내용 및 과제 수행	• 주어진 과제를 충실히 수행하였는가? • 주제에 관련된 내용을 구성하였는가? • 주어진 내용을 풍부하고 다양하게 표현하였는가?
	글의 전개 구조	• 글의 구성이 명확하고 논리적인가? • 글의 내용에 따라 단락 구성이 잘 이루어졌는가? • 논리 전개에 도움이 되는 담화 표지를 적절하게 사용하여 조직적으로 연결하였는가?
	언어사용	• 문법과 어휘를 다양하고 풍부하게 사용하여 적절한 문법과 어휘를 선택하여 사용하였는가? • 문법, 어휘, 맞춤법 등의 사용이 정확한가? • 글의 목적과 기능에 따라 격식에 맞게 글을 썼는가?

(1) 51번, 52번은 맥락에 맞게 (　　)를 채워 넣는 문제입니다. 맥락을 확인하고 어휘와 문법 등을 정확하게 쓰면 좋은 점수를 받을 수 있습니다.

(2) 53번은 도표와 그래프를 적당한 표현과 순서에 맞게 쓰면 높은 점수를 받을 수 있습니다.

(3) 54번은 반드시 주제를 확인하고, 질문대로 쓰되, 중심문장과 뒷받침문장을 나누어 쓰면 됩니다. 특히, 뒷받침문장에서 풍부한 예시와 설명을 순서 표현과 함께 쓰면 높은 점수를 받을 수 있습니다.

이 책의 특징

《TOPIK 토픽Ⅱ 쓰기, 전략으로 끝!》의 특징은 다음과 같습니다.

1. 각 문제의 쓰기 전략을 제시하였습니다. 쓰기 전략은 각 문제 맨 앞과 맨 뒤에 두어서 강조하였습니다. 이 쓰기 전략은 문제를 푸는 순서를 제시한 것으로서 문법 표현과 함께 이해하면 원하는 점수에 다가설 수 있습니다.

2. 기출 문제의 경향을 구체적으로 분석하여 설명하였습니다. 기출 문제의 경향을 세부적으로 분석하였을 뿐만 아니라 기출 문제를 어떻게 풀어야 하는지도 단계적으로 다루었습니다. 여러번 읽고 정리하면 한국어능력시험을 정확히 알 수 있습니다.

3. 연습 문제를 단계별로 두어 연습할 수 있게 하였습니다. 쉬운 연습에서 어려운 연습으로, 간단한 연습에서 복잡한 연습으로 구성하였습니다.

번호	연습 문제	→		→	실전 문제
51번	어휘 찾기 연습	→	문법 찾기 연습	→	실전 문제
52번	어휘 찾기 연습	→	문법 찾기 연습	→	실전 문제
53번	조사와 현황 연습	→	원인과 전망 연습	→	실전 문제
54번	한 단락 쓰기 연습	→	두 단락 쓰기 연습	→	실전 문제

위의 표에서 보는 것처럼 어휘 찾기 연습에서 문법 찾기 연습으로, 조사와 현황 연습에서 원인과 전망 연습으로, 한 단락 쓰기 연습에서 두 단락 쓰기 연습으로 자연스럽게 나아갈 수 있도록 배치하였습니다.

4. 실전 문제는 토픽 II 쓰기와 가장 유사하게, 실제로 출제될 수 있는 문제를 선택하여 보였습니다. 이 문제들을 연습하면 실제 토픽 II 쓰기 문제를 풀 때 큰 도움이 될 것입니다.

5. <주제 및 질문에 맞게 글쓰기>에서 연습 문제와 실전 문제의 내용을 정리하여 제시하였습니다. 한국어 학습자께서 이 내용을 정리하신다면 토픽 II 쓰기 54번 문제를 풀 때 자신감을 얻을 수 있을 것입니다.

6. 현재, 여러 문장이 모여 한 주제를 말하는 글쓰기 단위가 '단락', '문단' 등의 용어로 사용되고 있습니다. 이 교재에서는 '단락'으로 씁니다.

차례

머리말	4
한국어 학습자들께	6
한국어 선생님들께	8
한국어능력시험 TOPIK II 쓰기 소개	10
이 책의 특징	13

I. 앞뒤 맥락을 확인하여 알맞은 말 쓰기	17
II. 단락의 맥락에 맞게 ( )에 알맞은 말 쓰기	57
III. 도표와 그래프를 설명하여 쓰기	102
IV. 주제 및 질문에 맞게 글쓰기	156
모범 답안	249

Ⅰ. 앞뒤 맥락을 확인하여 알맞은 말 쓰기

․․․․

51번 생활문의 맥락에 맞게 ( )에 알맞은 말 쓰기

[51] 다음 글의 ㉠과 ㉡에 알맞은 말을 각각 쓰시오. (각 10점)

51번은 생활문에 있는 (   )에 알맞은 말을 쓰는 문제입니다.

1. **글의 종류와 제목을 찾으십시오**. 그래서 **글의 전체 내용을** 추측하고 확인하십시오.

2. (   )에 **사용할 어휘를 찾으십시오**. (   ) 앞뒤에 있는 문장에서 어휘를 찾으십시오.

3. (   )에 **알맞은 문법을 찾으십시오**. (   )의 문장과 앞뒤 맥락에서 문법을 찾으십시오.

4. (   )에 **답안을 써서** 읽어 보십시오.

5. 채점자를 위해 답안을 **크고 깨끗하고 정확하게** 쓰십시오.

기출 문제의 경향과 풀이의 분석

기출 문제의 경향

지금까지 51번 문제의 경향은 어떨까요? 확인해 보겠습니다. **생활문의 경향, 어휘의 경향, 문법의 경향**의 순서대로 보겠습니다.

1 생활문의 경향을 알아보겠습니다.

(1) 글의 매체가 **이메일, 게시판** 등이 많았습니다.

(2) 생활문의 내용은 **문의, 감사, 요청, 초대, 모집** 등 다양하게 출제되었습니다.

생활문의 경향

회차	매체	보낸 사람 → 받은 사람	글 내용	문장 수	( ) 위치
91	문자 메시지	인주 피부과 병원 → 나	병원 예약 변경 문의	4문장	2,3문장
83	자유 게시판	외국인 → 인주시청 관계자	축제 관련 문의	5문장	2,5문장
64	이메일	나 → 수미 씨	이별 감사 인사	5문장	2,5문장
60	게시판	졸업생 → 도서관 사서	도서관 대출증 만드는 방법 문의	4문장	2,3문장
52	문자 메시지	나 → 수미 씨	빌린 책 반환 시간 문의	5문장	2,4문장
47	이메일	빅토르 → 선배	카메라 대리 수령 부탁 문의	8문장	3,6문장
41	이메일	샤오밍 → 이재정 선생님	초대 시간 문의	8문장	5,7문장
37	게시판	태권도 동아리 '태극' → 읽는 사람들	동아리 신입회원 모집 공지	6문장	2,4문장

| 36 | 이메일 | 제니 → 김영미 교수님 | 약속 재요청 문의 | 7문장 | 4,6문장 |
| 35 | 게시판 | 유학생 → 읽는 사람들 | 물건 무료 나눔 공지 | 5문장 | 2,5문장 |

2 어휘의 경향을 확인해 보겠습니다.

(1) 사용할 어휘는 **앞뒤 문장**에 많았습니다. 또한 (　　)가 있는 문장에서도 추측할 수 있었습니다.

(2) 한국어능력시험이 최근에 올수록 (　　)에 들어갈 알맞은 말이 문장에서 어휘로 **짧아지는 것**도 확인할 수 있었습니다.

어휘의 경향

회차	문항	어휘 찾기	찾은 어휘
91	㉠	㉠ 문장: 그래서 예약을 14일 오전 10시로 (　　). ㉠의 앞 문장: 제가 13일에 일이 생겨서 병원에 못 가게 되었습니다. 마지막 문장: 예약 변경이 가능한지 확인해 주십시오. (　　)는 ㉠의 앞 문장과 마지막 문장의 내용으로 어휘를 찾을 수 있습니다.	(예약을) 변경하다 바꾸다
	㉡	㉡ 문장: 만약에 이날 예약이 (　　) 저는 15일 오전도 괜찮습니다. ㉡의 뒷 문장: 예약 변경이 가능한지 확인해 주십시오. (　　)는 ㉡의 뒷 문장에서 찾을 수 있습니다.	(예약이) 불가능하다 어렵다
83	㉠	㉠ 문장: 지금까지 살면서 이렇게 많은 **별을** (　　) 한 번도 없었습니다. ㉠의 뒷 문장: 이번 축제에서 **별도 보고** → (　　)는 ㉠의 뒷 문장과 같은 문장에서 찾을 수 있습니다.	(별을) 보다
	㉡	㉡ 문장: 있다면 이런 멋진 경험을 다시 (　　). → (　　)는 같은 문장에서 찾을 수 있습니다.	(경험을) 하다

64	㉠	㉠ 문장: 저는 다음 달이면 홍콩으로 **일을** ( ). ㉠의 뒷 문장: 제가 원하는 회사에 취직을 해서 → ( )는 ㉠의 뒷 문장과 같은 문장에서 찾을 수 있습니다.	(일을) 하다
	㉡	㉡ 문장: 선물을 준비했는데 선물이 수미 씨 **마음에** ( ). → ( )는 같은 문장에서 찾을 수 있습니다.	(마음에) 들다
60	㉠	㉠ 문장: 선배에게 물어보니 졸업생이 도서관을 이용하려면 **출입증이** ( ). → ( )는 같은 문장에서 찾을 수 있습니다.	N이/가 필요하다 N이/가 있다
	㉡	㉡ 문장: **출입증을 만들려면** ( ). → ( )는 같은 문장에서 찾을 수 있습니다.	어떻게 해야 합니까?
52	㉠	㉠ 문장: 지난번에 **책을** ( ) **고맙습니다.** → ( )는 같은 문장에서 찾을 수 있습니다.	(책을) 빌려 주다
	㉡	㉡ 문장: 그런데 책을 **언제** ( )? ㉡의 뒷 문장: 시간을 말씀해 주시면 찾아가겠습니다. → ( )는 같은 문장과 ㉡의 뒷 문장에서 찾을 수 있습니다.	(책을) 돌려 주다 돌려 드리다
47	㉠	㉠ 문장: 제가 인터넷으로 ( ). ㉠의 뒷 문장: 그런데 카메라가 이번 주 금요일에 배달된다고 합니다. → ( )는 ㉠의 뒷 문장에 있는 '카메라', '배달되다'에서 추측할 수 있습니다.	카메라를 주문하다
	㉡	㉡ 문장: 혹시 저 대신에 ( ). ㉠의 앞 문장: 제가 그날 고향에 가야 해서 카메라를 직접 받을 수 없을 것 같습니다. → ( )는 ㉠의 앞 문장에서 '카메라를 받다'를 찾을 수 있습니다.	카메라를 받다
41	㉠	㉠ 문장: 이번에는 ( ). ㉠ 앞 문장: 지난주에 댁으로 초대해 주셔서 감사합니다. 선생님 덕분에 재미있는 시간을 보냈습니다. → ( )는 ㉠ 앞 문장에서 '선생님', '초대하다'라는 말들로 만들 수 있습니다.	선생님을 집으로 초대하다
	㉡	㉡ 문장: 저는 ( ). ㉡ 앞 문장: 다음 주 월요일과 수요일 중에 언제가 좋으십니까? ㉡ 뒷 문장: 편하신 오후 시간을 말씀해 주시면 감사하겠습니다. → ( )는 ㉡ 앞뒤 문장에서 추측할 수 있습니다.	오후 시간에 괜찮다 언제든지 괜찮다

37	㉠	㉠ 문장: 이번에 ( ). ㉠ 뒷 문장: 신입 회원은 태권도에 관심 있는 학생이면 누구나 환영합니다. → ( )는 ㉠ 뒷 문장의 '신입 회원'이라는 말을 통해 추측할 수 있습니다.	신입 회원을 모집하다
	㉡	㉡ 문장: ( )? ㉡ 뒷 문장: 그래도 걱정하지 마십시오. 처음부터 천천히 가르쳐 드립니다. → ( )는 ㉡ 뒷 문장의 '처음'이라는 말을 통해 추측할 수 있습니다.	태권도가 처음이다
36	㉠	㉠ 문장: 그런데 ( ). ㉠ 앞 문장: 이번 주 금요일에 뵙기로 한 것 때문에 연락 드렸습니다. ㉠ 뒷 문장: 정말 죄송합니다. → ( ) 앞 문장의 '금요일에 뵙다'를 뒷 문장의 사과를 가지고 추측할 수 있습니다.	금요일에 뵙기 어렵다
	㉡	㉡ 문장: 혹시 ( )? → ( )는 ㉡ 문장을 통해 알 수 있습니다.	언제 시간이 괜찮다
35	㉠	㉠ 그래서 지금 ( ). ㉠ 앞 문장: 저는 유학생인데 공부를 마치고 다음 주에 고향으로 돌아갑니다. ㉠ 뒷 문장: 책상, 의자, 컴퓨터, 경영학 전공 책 등이 있습니다. → ( )는 ㉠의 앞뒤문장을 통해 알 수 있습니다.	물건들을 정리하다
	㉡	㉡ 문장: ( ) ㉡ 앞 문장: 이번 주 금요일까지 방을 비워 줘야 합니다. ㉡ 뒷 문장: 제 전화번호는 010-1234-5678입니다. → ( )는 ㉡ 앞뒤 문장을 통해 추측할 수 있습니다.	금요일 전까지 연락하다

3 문법의 경향을 확인해 보겠습니다.

(1) 51번 기출 문법 현황을 확인해 보니, 의문 표현 (-(으)ㅂ니까?, -(으)십니까?), 희망 표현(-고 싶다, -았/었으면 좋겠다, -아/어 주시기 바랍니다), 의도 계획(-(으)려고 하다) 등이 많이 나왔습니다.

(2) 다음 '경험(-(으)ㄴ 적이 있다), 간접화법(-다고 하다), 이유(-아/어서), 정도(-기 어렵다), 생각(-(으)ㄹ 것 같다)'도 계속 출제될 것으로 보입니다.

문법의 경향

회차	문항	찾은 어휘	문법 표현	모범 답안
91	㉠	변경하다/바꾸다	V-고 싶다(희망)	변경하고 싶습니다 바꾸고 싶습니다
	㉡	불가능하다/어렵다	A,V-(으)면(조건)	불가능하면 어려우면
83	㉠	별을 보다	V-(으)ㄴ 적이 있다/없다 (경험)	본 적이
	㉡	경험을 하다	V-고 싶다(희망)	하고 싶습니다
64	㉠	일을 하다	V-(으)러 가다(목적)	하러 갑니다
	㉡	마음에 들다	A,V-(으)면 좋겠습니다 A,V-았/었으면 좋겠습니다 (희망)	들면/들었으면 좋겠습니다
60	㉠	필요하다 있다	A-다고 합니다(간접화법) A,V-아/어야 V-(으)ㄴ다고 합니다	필요하다고 합니다 있어야 한다고 합니다
	㉡	어떻게 해야 하다 어떻게 해야 되다	A,V-ㅂ니까/습니까?(의문)	어떻게 해야 합니까 어떻게 해야 됩니까
52	㉠	빌려 주다	V-아/어 주셔서 V-아/어 주어서(이유)	빌려 줘서 빌려 주셔서
	㉡	돌려주다 돌려 드리다	V-(으)면 되겠습니까(조건 의문)	돌려주면/돌려 드리면 됩니까/되겠습니까

47	㉠	카메라를 주문하다/ 구입하다/사다	N을/를 A,V-았/었습니다 (과거)	카메라를 주문했습니다.
	㉡	카메라를 받아 주다	N을/를 V-(으)ㄹ 수 있습니까?(가능 요청)	카메라를 받아 주실 수 있으십니까
41	㉠	선생님을 집으로 초대하다	N을/를 V-고 싶습니다(희망)	제가 선생님을 집으로 초대하고 싶습니다
	㉡	오후에는/언제든지 괜찮다	N에는/언제든지 A,V-ㅂ니다/습니다(종결)	오후에는/언제든지 다 괜찮습니다
37	㉠	신입회원을 모집하다/뽑다	V-(으)려고 하다(의도 계획)	새로 신입 회원을 모집하려고/뽑으려고 합니다
	㉡	태권도가 처음이다/ 태권도를 처음 배우다/태권도를 잘 모르다	A,V-(으)십니까?(의문)	태권도를 처음 배우십니까 태권도가 처음입니까 태권도를 잘 모르십니까
36	㉠	금요일에 뵙다	A,V-기 어렵다(정도) A,V-(으)ㄹ 것 같습니다 (생각)	금요일에 뵙기 어려울 거 같습니다 금요일에 다른 일이 생겼습니다 금요일에 사정이 생겨서 찾아뵙기가 어려울 거 같습니다.
	㉡	언제 시간이 괜찮다	A,V-(으)십니까?(의문)	언제 시간이 괜찮으십니까?/되십니까? 괜찮으신 시간을 말씀해 주시겠습니까? 혹시 다음 주 금요일에 뵈러 가도 되겠습니까?
35	㉠	물건들을 정리하다	A,V-았/었던(회상) V-(으)려고 합니다(의도 계획)	그동안 사용했던 물건들을 정리하려고 합니다
	㉡	물건이 필요하신 분들은 연락하다	그러니까 V-아/어 주시기 바랍니다(희망 요청)	그러니까 물건이 필요하신 분들은 금요일 전까지 연락해 주시기 바랍니다

기출 문제 풀이의 분석

51번 문제 풀이를 위해 어휘의 위치, 문법 표현을 순서대로 확인해 보겠습니다.

1 51번 문제 글의 목적은 무엇일까요? 글쓴이는 왜 이 글을 쓸까요?

지금까지 공개된 기출 문제를 보면, 51번 문제 글의 글쓴이는 **문의, 감사의 말, 공지**를 위해서 글을 썼습니다.

① 글쓴이는 읽는이에게 **자기가 알고 싶은 일을 문의**하고 있다.
② 글쓴이는 읽는이에게 **감사의 말**을 전하고 있다.
③ 글쓴이는 읽는이에게 나눔이나 모집을 **공지**하고 있다.

제91회 51번 문제 글을 보겠습니다. 글쓴이는 무슨 목적으로 이 글을 썼다고 봅니까?

※ [51~52] 다음 글의 ㉠과 ㉡에 알맞은 말을 각각 쓰시오. (각 10점)

51.

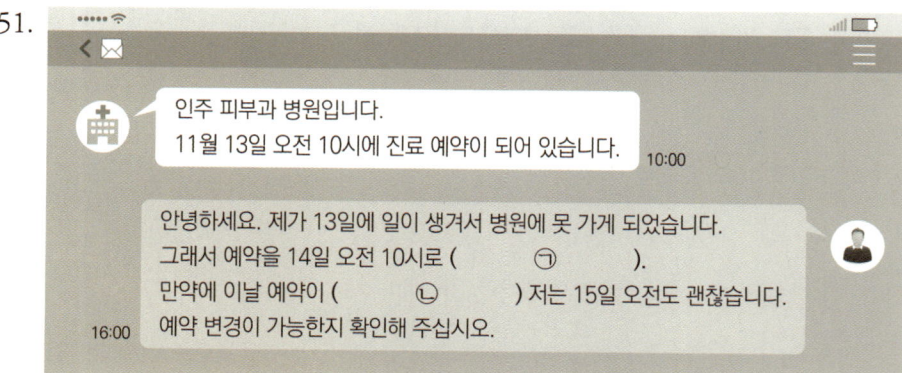

91회 51번 문제 글의 글쓴이는 인주 피부가 병원 관계자에게 **문의**를 하기 위해서 글을 썼습니다. **예약 변경이 가능한지 묻기 위해** 이 글을 썼습니다.

2 51번 (   )에서 어휘 파악은 가장 중요합니다. 그 이유는 어휘를 모르면 답안을 쓸 수 없기 때문입니다. 그렇다면 (   )에 사용할 어휘는 어디에 있을까요? 어디에서 찾을 수 있을까요?

기출 문제를 확인해 보면, (   )에 들어갈 어휘는 보통 ① (   ) **앞뒤에 있는 문장**, ② (   ) 문장에 있었습니다.

그럼, 91회 51번 문제 글에서 (   )에 사용할 어휘를 찾아 보겠습니다. (㉠)이 있는 문장과 앞 문장, 그리고 마지막 문장을 보겠습니다.

> 안녕하세요. 제가 13일에 일이 생겨서 병원에 못 가게 되었습니다.
> 그래서 예약을 14일 오전 10시로 (㉠   ).
> 예약 변경이 가능한지 확인해 주십시오.

㉠에 사용될 어휘는 (㉠) 문장 앞 문장과 관계가 있습니다. '못 가게 되었습니다'라는 말을 통해 '변경하다/바꾸다'라는 어휘를 추측할 수 있습니다. 또한 마지막 문장에서 '예약 변경'을 말했으니까 ㉠에 사용될 어휘는 '변경하다'가 된다는 것을 알 수 있습니다.

다음으로, (㉡)에 들어갈 어휘를 찾아보겠습니다.

> 만약에 이날 예약이 (㉡   ) 저는 15일 오전도 괜찮습니다.
> 예약 변경이 가능한지 확인해 주십시오.

㉡에 들어갈 어휘는 뒷 문장에서 바로 알 수 있습니다. '예약 변경이 가능하다'라는 말에서 어휘를 얻을 수 있습니다. '예약이 가능하다'의 반대말이 '예약이 불가능하다'입니다.

정리해 보겠습니다.

	사용할 어휘 있는 곳	사용할 어휘
㉠	(㉠) 문장 앞 문장, 마지막 문장	변경하다/바꾸다
㉡	(㉠) 문장 뒷 문장	불가능하다/어렵다

3 51번 (　　)에 맞는 어휘를 찾은 후에는 바로 문법 표현에 맞게 써야 합니다.

기출 문제를 확인해 보면, 의문 표현(-(으)ㅂ니까?, -(으)십니까?), 희망 표현(-고 싶다, -았/었으면 좋겠다, -아/어 주시기 바랍니다), 의도 계획(-(으)려고 하다), '경험(-(으)ㄴ 적이 있다), 간접화법(-다고 하다), 이유(-아/어서), 정도(-기 어렵다), 생각(-(으)ㄹ 것 같다)이 출제되었습니다.

그러면 알맞은 문법 표현을 어떻게 찾을 수 있을까요?

91회 51번 글에 있는 ㉠에 알맞은 문법 표현을 보겠습니다.

　　그래서 예약을 14일 오전 10시로 (　㉠　).

이 문장의 어휘는 '변경하다'이니까 'V-고 싶습니다'를 추측할 수 있습니다. 그래서 '변경하고 싶습니다'가 되겠습니다.

다음으로, ㉡에 알맞은 문법 표현을 보겠습니다.

　　만약에 이날 예약이 (　㉡　) 저는 15일 오전도 괜찮습니다.

어휘는 '**예약이 불가능하다**'이니까, 문법 표현은 '**A, V-(으)면**'이 좋겠습니다.
그래서 '예약이 불가능하면'이 어울립니다.

정리하겠습니다.

	찾은 어휘	문법 표현	답안
㉠	변경하다	V-고 싶습니다	변경하고 싶습니다/바꾸고 싶습니다
㉡	불가능하다	A,V-(으)면	불가능하면/어려우면

다음을 기억하십시오!

▶ 글의 목적을 확인하십시오. 내용을 확인하십시오.
▶ 어휘를 찾으십시오. (　　)의 주변 문장에서 찾으십시오.
▶ 문법 표현을 확인하십시오. (　　)의 문장과 주변 문장에서 찾으십시오.
▶ 찾은 어휘를 문법 표현에 적용해 답안을 쓰십시오.

연습 문제 1

(1) 어휘 찾기 연습

※ [1~25] 어휘를 찾아 쓰고 답안을 완성하십시오.

예시

> 혹시 약속을 다음 주 금요일로 (   )? 바꿔 주시면 제가 커피 사겠습니다.

어휘	문법	답안
바꾸다	-(으)ㄹ 수 있습니까?	**바꿀 수 있습니까**

1.
> 지난 주말 '인주시 가요 축제'에 갔던 외국인입니다. 한국에서 유명한 가수들의 노래를 (   ) 없었습니다. 그런데 이번 기회에 유명한 가수들과 함께 제대로 즐겼습니다.

어휘	문법	답안
	-(으)ㄴ 적이 있다/없다	

2.
> 혹시 가요 축제를 내년 가을에 다시 할 계획이신가요? 계획하신다면 저도 다시 (   ).

어휘	문법	답안
	-고 싶습니다	

3. 수영 씨, 그동안 고마웠습니다. 저는 다음 주에 인주시로 이사를 ( ). 가게 된 곳은 여기서 5시간 거리입니다.

어휘	문법	답안
	-게 되었습니다	

4. 제가 실수했습니다. 죄송합니다. 수미 씨가 제 마음을 이해해 ( ).

어휘	문법	답안
	-았/었으면 합니다	

5. 교수님, 제가 한국대학교 대학원에 지원하고자 합니다. 제가 시험을 보려면 무엇을 ( ) 알려주시기 바랍니다. 말씀해 주시면 제가 성실히 준비하겠습니다.

어휘	문법	답안
	-아/어야 하는지	

6. 인터넷으로 영화를 예약하려면 ( )? 방법을 알려주시기 바랍니다.

어휘	문법	답안
	-아/어야 합니까?	

7.
> 수영 씨, 지난번에 식당에서 제가 돈이 없을 때 돈을 (　　　) 감사합니다.

어휘	문법	답안
	-아/어 주셔서	

8.
> 선생님께서 금연에 대한 말씀을 해 주셔서 담배를 끊을 수 있게 되었습니다. 감사드립니다. 제가 선생님과 식사를 한 번 하고 싶은데 언제 (　　　)? 시간을 말씀해 주시면 식당을 알아보겠습니다.

어휘	문법	답안
	-(으)십니까?	

9.
> 기숙사 사감님, 안녕하십니까? 201호 기숙사생입니다. 밤마다 202호에서 시끄러운 음악 소리가 나서 잠을 (　　　). 잠을 못 자면 다음날 수업이 엉망이 됩니다.

어휘	문법	답안
	-(으)ㄹ 수가 있습니다/ 없습니다	

10.
> 죄송하지만, 학생이 책을 반납하지 않아서 연체료를 내야 합니다. 언제까지 연체료를 (　　　)?

어휘	문법	답안
	-(으)ㄹ 수 있습니까?	

11.
김민석 교수님, 안녕하세요? 저 장웨이입니다. 지난 주에 삼겹살 파티에 초대해 주셔서 감사드립니다. 정말 유익하고 재미있었습니다. 이번에는 제가 훠궈 파티로 (   ). 훠궈가 교수님 입맛에 맞았으면 좋겠습니다.

어휘	문법	답안
	-고 싶습니다	

12.
이번 달 마지막 화요일부터 목요일 중에 언제가 괜찮으십니까? 저는 (   )다 좋습니다. 선생님께서 편하신 오후 시간을 말씀해 주시면 좋겠습니다.

어휘	문법	답안
	N이면	

13.
도서관 선생님, 안녕하세요? 제가 중앙도서관 3층에서 핸드폰을 분실했습니다. 혹시 분실물로 핸드폰이 들어왔습니까? 핸드폰이 분실물로 들어오게 되면 010-123-4567로 (   ).

어휘	문법	답안
	-(으)시기 바랍니다	

14.
> 영화 동아리 '키노'에서 이번에 (   ). 신입 회원은 영화의 제작, 출연에 관심 있는 분이면 누구나 환영합니다.

어휘	문법	답안
	-(으)ㅂ니다	

15.
> 학교 식당 음식 가격이 너무 올랐습니다. 학생들에게는 크나큰 부담이 됩니다. 가격을 조금이라도 (   ). 감사합니다.

어휘	문법	답안
	-았/었으면 합니다	

16.
> 교수님, 안녕하세요? 제가 감기가 심하게 걸려서 움직일 수 없습니다. 그래서 내일 수업에 (   ) 것 같습니다.

어휘	문법	답안
	-(으)ㄹ 수 없을 것 같습니다	

17.
> 우리 조 미팅이 언제 또 있습니까? 다음 주에 있다면 무슨 요일 몇 시까지 (   )?

어휘	문법	답안
	-(으)면 됩니까?	

18.
> 영미야, 내일 약속을 연기하면 안 될까? 미안. 갑자기 급한 (   ) 말이야. 나한테 연락줘.

어휘	문법	답안
	-아/어서	

19.
> 미란 씨, 한 학기 동안 고마웠습니다. 제가 내일 고향에 (   ). 고향에 돌아가서 휴식도 취하면서 다음 학기를 준비할까 합니다.

어휘	문법	답안
	-게 되었습니다	

20.
> 선생님, 안녕하세요? 제가 이번 학기에 실험실을 이용하고 싶습니다. 선배들에게 들었는데 실험실을 이용하려면 선생님께 (   ).

어휘	문법	답안
	-아/어야 한다고 들었습니다	

21.
> 도서관에 신규 도서를 신청하려면 (   )? 방법을 알려 주시면 감사드리겠습니다.

어휘	문법	답안
	-아/어야 합니까?	

22. 선생님, 안녕하세요? 제가 신입생이라서 학교 사정을 잘 모릅니다. 학교 버스는 어디에서 (   )? 장소를 알려주시면 감사하겠습니다.

어휘	문법	답안
	-아/어야 합니까	

23. 우리 학교 기말 고사 기간은 어디에서 (   )? 제가 확인할 수 없어 힘듭니다.

어휘	문법	답안
	-(으)ㄹ 수 있습니까	

24. 선배님, 제가 인터넷으로 책을 주문했습니다. 내일 (   ). 그런데 제가 내일 바빠서 택배를 받을 수 없습니다.

어휘	문법	답안
	-다고 들었습니다	

25. 선생님, 수업 시간에 말씀하신 교재를 (   ). 어디에서 주문할 수 있겠습니까?

어휘	문법	답안
	-려고 합니다	

(2) 문법 찾기 연습

※ [1~25] 문법을 찾아 쓰고 답안을 완성하십시오.

예시

> 혹시 약속을 다음 주 금요일로 (   )? 바꿔 주시면 제가 커피 사겠습니다.

어휘	문법	답안
바꾸다	-(으)ㄹ 수 있습니까?	**바꿀 수 있습니까**

1.
> 미숙 씨, 저는 제니라고 합니다. 기숙사에서 같은 방을 쓰게 되었습니다. 제가 기숙사 방을 (   ) 걱정이 됩니다. 잘 부탁드립니다.

어휘	문법	답안
쓴 적이 없다, 사용한 적이 없다		

2.
> 우리 나라 달력을 선물로 마련했습니다. 마음에 (   ).

어휘	문법	답안
마음에 들다		

3.
> 이번 주 수업은 (   ) 것 같습니다. 고향에서 부모님이 오셔서 어쩔 수 없습니다.

어휘	문법	답안
참가하다		

4. 교수님 강의가 (   )? 이 핸드폰은 인공지능으로 번역을 할 수 있어서 쉽게 들으실 수 있습니다.

어휘	문법	답안
듣다, 이해하다		

5. 쓰기 수업에 참여하려면 무슨 (   ) 말씀해 주시기 바랍니다.

어휘	문법	답안
준비를 하다		

6. 쓰기 수업에 참가하기 위해서는 (   ). 노트북 컴퓨터가 없으면 실습을 할 수 없기 때문입니다.

어휘	문법	답안
노트북 컴퓨터		

7. 이번주 금요일에 신입생 환영회를 하려고 합니다. (   )? 참가하신다면 회비는 가져 오지 않으셔도 됩니다.

어휘	문법	답안
참가하다, 오다		

8. 우리 과목 수업에서 (   )? 말씀해 주시면 수업을 운영하는데 도움이 되겠습니다.

어휘	문법	답안
무엇을 얻다		

9. 지난 번 수업 시간에 (   ) 진심으로 감사드립니다. 언제 한번 제가 점심을 사겠습니다.

어휘	문법	답안
도와 주시다, 알려 주시다		

10. 저는 담배를 피우는 사람입니다. 그런데 선배들이 말하는데 우리 학교는 전 구역이 (   ) 담배를 피울 수 없다고 합니다. 저와 같은 사람은 어떻게 해야 할지 말씀해 주시면 감사하겠습니다.

어휘	문법	답안
금연 구역이다		

11. 이번에 연극 동아리에 (   ). 제가 어떻게 해야 할까요?

어휘	문법	답안
들어가다		

12.
2주 동안 빨래를 못해서 걱정이 많습니다. 그래서 이번 주말에는 밀린 빨래를 (   ).

어휘	문법	답안
하다		

13.
우리 식당을 이용하시려면 식권을 키오스크에서 받아서 제출하시면 됩니다. 키오스크 사용이 어려우시다면 현금으로 (   ).

어휘	문법	답안
내시다		

14.
환영합니다. 한국 전국 여행을 원하십니까? 그럼, 우리 여행 동아리에 들어오십시오. 지금 (   ). 이번에 들어오시는 신입 회원에게는 제주도 여행권을 무료로 드립니다.

어휘	문법	답안
신입 회원을 모집하다		

15.
지금까지 이렇게 나 자신을 (   )이 한 번도 없었습니다. 템플스테이는 나 자신을 돌아볼 수 있는 계기가 되었습니다.

Ⅰ. 앞뒤 맥락을 확인하여 알맞은 말 쓰기 37

어휘	문법	답안
돌아보다		

16. 절에서 산채비빔밥을 다시 (   ). 정말 담백하고 맛있었습니다.

어휘	문법	답안
먹어 보다		

17. 학교에 문의해보니, 수업 출석을 하기 위해서는 (   ).

어휘	문법	답안
학생증이 필요하다		

18. 학생증을 신청하려면 (   )?

어휘	문법	답안
어떻게 하다 무엇을 하다		

19. 미영 씨에게 이 수업 자료가 (   ).

어휘	문법	답안
도움이 되다		

20.
> 어제 주문한 책을 받았습니다. 그런데 표지에 (　　). 낙서는 반품 사유라고 알고 있습니다. 반품을 하고 싶은데 어떻게 하면 되겠습니까?

어휘	문법	답안
낙서가 있다		

21.
> 교수님께 고향에서 가져온 기념품을 드리고자 합니다. 언제 (　　)? 교수님께서 괜찮은 시간을 말씀해 주시면 감사하겠습니다.

어휘	문법	답안
시간이 괜찮다		

22.
> 선배님, 이번 주 목요일에 만나기로 한 것 때문에 연락 드립니다. 이번 주 목요일은 교수님과의 면담이 있어서 (　　).

어휘	문법	답안
뵙기 힘들다		

23.
> 죄송하지만 이번 주 (　　) 하는데 어떠십니까?

어휘	문법	답안
수요일에 봬다		

Ⅰ. 앞뒤 맥락을 확인하여 알맞은 말 쓰기

24.
> 도서관 컴퓨터를 이용하시려면 (   ). 예약하시면 1회 3시간까지 이용이 가능합니다.

어휘	문법	답안
예약하다		

25.
> 선배님, 내일 아침에 태권도 연습을 하고 싶습니다. 연습장은 몇 시부터 (   )?

어휘	문법	답안
이용하다		

연습 문제 ②

[1-10] 다음 글의 ㉠과 ㉡에 알맞은 말을 각각 쓰시오. (각 10점)

1.

자유게시판   한국대학교

수강 신청 관련 문의

안녕하세요? 이번에 입학하게 된 외국인입니다. (㉠) 정말 기쁩니다.

제가 고향을 떠나 학교에 처음 가는 날이 3월 15일입니다.

그러면 수강 신청을 언제까지 어떻게 해야 하는지 (㉡) 좋겠습니다.

수강 신청이 복잡하지는 않겠지요?

또 준비할 것이 있으면 말씀 부탁드리겠습니다.

	보낸 사람 → 받은 사람	글 내용

	어휘	문법	답안
㉠			
㉡			

2.

자유게시판　　　　　　　　　　　　　　　　　　　　　　　**인주시청**

봉사 활동 관련 문의

사회 복지 선생님, 안녕하세요? 제가 외국인인데 고향에서도 (㉠).

그래서 한국에 와서도 봉사 활동을 계속하고 싶습니다.

할아버지나 할머니와 말동무하면서 제 한국어 실력도 (㉡) 생각을 가지고 있습니다.

제 한국어 실력은 별것 아니지만 제 마음은 봉사의 마음으로 가득 차 있습니다.

꼭 연락 주시면 감사하겠습니다.

보낸 사람 → 받은 사람	글 내용

	어휘	문법	답안
㉠			
㉡			

3.

```
                                                        — □ ×
```

| 공지문 | 자유전공학부 |

학우 여러분!

활기찬 봄 학기가 시작되었습니다.

이번에 봄 학기를 맞이하여 신입생 환영회를 (㉠).

목요일 오후 5시 30분에 한국 회관에서 할 예정입니다.

모두 참석해 (㉡).

혹시 늦으신다면 미리 연락해 주시기 바랍니다.

보낸 사람 → 받은 사람	글 내용

	어휘	문법	답안
㉠			
㉡			

4.

e-mail

수미 씨, 이번에 공부중 피로로 병원에 입원했다는 말을 들었습니다.

제가 밤에 잠을 자면서 (㉠) 안타깝습니다.

제가 병원에 갈까 하는데 병원이 어디에 있는지 말씀해 주시겠습니까?

이번 기회에 (㉡) 좋겠습니다. 푹 쉬면 공부도 잘 될 겁니다.

수미 씨가 귤을 좋아하니까 사 가려고 합니다.

또 원하시는 과일이 있으면 말씀해 주시기 바랍니다.

보낸 사람 → 받은 사람			글 내용

	어휘	문법	답안
㉠			
㉡			

5.

자유게시판 한국어학당

원장님, 우리는 한국어를 배우는 외국인 유학생들입니다.

공사 때문인지 한국어 교실 앞이 시끄럽습니다. 그래서 (㉠).

저희의 귀뿐만 아니라 선생님의 목도 아픈 것 같습니다.

소리를 크게 (㉡) 그런 것 같습니다.

공사 때문이라면 잠시 교실을 조용한 곳으로 바꿔 주시면 좋겠습니다.

이 글을 읽어 주셔서 감사드립니다.

보낸 사람 → 받은 사람		글 내용	
	어휘	문법	답안
㉠			
㉡			

6.

1:1 문의　　　　　　　　　　　　　　　　　　　　　　　**한국여행사**

올해 2월에 (㉠) 외국인입니다.

이번에 대학교를 졸업하면서 친구들과 졸업 여행을 가려고 합니다.

제주도에 2박 3일 코스로 가려고 하는데 비용은 (㉡)?

여행사 프로그램별로 비용을 알려 주시면 감사하겠습니다.

보낸 사람 → 받은 사람	글 내용

	어휘	문법	답안
㉠			
㉡			

7.

Q & A 게시판　　　　　　　　　　　　　　　　한국대학교 도서관

제목: 희망 도서를 신청하고 싶습니다　　　작성자: 빅토르(2023-9-1)

한국대학교 재학생입니다. 희망 도서를 신청하고 싶습니다.

학기초라서 학과 참고도서를 정리중인데 도서관에 (㉠).

우리 학과 필독서가 없어서 도서를 신청하고 싶은데 (㉡)?

방법을 알려 주시면 감사하겠습니다.

보낸 사람 → 받은 사람		글 내용
어휘	문법	답안
㉠		
㉡		

8.

링링

미숙 씨

지난번에 제가 어려워하는 책의 내용을 (㉠) 감사합니다.

미숙 씨 설명 덕분에 중간 시험이 어렵지 않았습니다.

제가 한번 점심을 사고 싶은데 언제 (㉡)?

시간을 말씀해 주시면 제가 장소 확인해보겠습니다.

그럼 답장 기다리겠습니다.

보낸 사람 → 받은 사람	글 내용

	어휘	문법	답안
㉠			
㉡			

9.

```
e-mail

김미경 선생님께

저는 엔도 히사노입니다.

정말 오랜만에 연락드립니다. 선생님을 뵙고 진로 문제에 대해 여쭙고 싶습니다.

제가 5월 28일, 31일, 6월 1일이 괜찮습니다. 이 날들 중에서

(  ㉠  )?

진로 문제 이외에 할 이야기들이 많이 있습니다.

만나면 그 때 (  ㉡  ) 싶습니다.
```

	보낸 사람 → 받은 사람	글 내용

	어휘	문법	답안
㉠			
㉡			

Ⅰ. 앞뒤 맥락을 확인하여 알맞은 말 쓰기   49

10.

자유게시판

한국어 교재 삽니다

저는 미국에서 온 교환학생입니다.

《한국어 고급 쓰기》를 (㉠).

구매하고 싶은 가격은 원래 가격의 50%입니다.

이 책을 팔고 싶으신 분은 저에게 연락을 (㉡).

보낸 사람 → 받은 사람		글 내용	
	어휘	문법	답안
㉠			
㉡			

실전 문제

※ [1-5] 다음 글의 ㉠과 ㉡에 알맞은 말을 각각 쓰시오. (각 10점)

1.
e-mail

미란 씨, 저 샤오밍입니다.

저는 미란 씨가 제 외국인 도우미가 되어서 정말 기쁩니다.

다른 게 아니라, 글쓰기 수업 숙제를 했는데, 한번 (㉠) 좋겠습니다.

읽고 나서 많이 이상한 곳을 말씀해 주시기를 바랍니다.

이상한 곳을 고쳐서 교수님께 (㉡) 때문입니다.

제가 파일 첨부해서 보내드립니다. 다음주까지 천천히 보내주세요.

	어휘	문법	답안
㉠			
㉡			

2.

Q & A 게시판　　　　　　　　　　　　　　한국대학교 기숙사

제목: 새벽에 기숙사에 들어가고 싶습니다　　작성자: 엔도(2024-8-25)

한국대학교 기숙사 사생입니다.

제가 학과 실험실에서 새벽 12시 30분까지 실험을 (㉠)

기숙사에 늦게 돌아옵니다.

학과 선배에게 물어보니 새벽 1시부터 20분간 문을 (㉡).

새벽에 기숙사에 들어가려면 무엇이 필요합니까?

알려주시면 감사드리겠습니다.

	어휘	문법	답안
㉠			
㉡			

3.

e-mail

초대합니다.

김미소 선생님, 새해 복 많이 받으세요.

올해 설날을 맞아 국제 음식 축제를 하려고 합니다.

학생들이 자기 나라의 (㉠) 계획입니다.

이날 선생님께서도 오셔서 한국 음식을 해(㉡).

	어휘	문법	답안
㉠			
㉡			

4.

E-MAIL

수업 영상 시청 관련 문의

교수님, 이번에 교수님의 과목인 〈경영학 개론〉을 수강하는 외국인 학생입니다.

그런데, 교수님의 강의 영상을 컴퓨터로 (㉠).

다른 외국인 학생도 인터넷으로 들어가기가 어려워 시청할 수 없었다고 합니다.

교수님의 수업을 어떻게 하면 시청할 수 있는지 (㉡).

감사합니다.

	어휘	문법	답안
㉠			
㉡			

5.

조나단

보람 씨,

지난번에 제가 처음 학교에 왔을 때, 길 안내를 (㉠) 고맙습니다.

지금은 저도 학교 건물을 마음대로 찾을 수 있게 되었습니다.

한번 뵙고 싶은데, 언제 (㉡)?

오랜만에 만나서 지금까지 지내온 이야기를 나누었으면 좋겠습니다.

연락 주시기 바랍니다.

	어휘	문법	답안
㉠			
㉡			

🔍 **다음의 쓰기 과정과 순서를 꼭 기억하세요! 높은 점수를 받을 수 있습니다.**

---

1. **글의 종류와 제목**을 찾으십시오. 그래서 **글의 전체 내용**을 추측하고 확인하십시오.

   ⬇

2. ( )에 **사용할 어휘**를 찾으십시오. ( ) **앞뒤에 있는 문장**에서 어휘를 찾으십시오.

   ⬇

3. ( )에 **알맞은 문법**을 찾으십시오. ( )의 **문장과 앞뒤 맥락**에서 문법을 찾으십시오.

   ⬇

4. ( )에 **답안**을 **써서 읽어** 보십시오.

   ⬇

5. 채점자를 위해 답안을 **크고 깨끗하고 정확하게** 쓰십시오.

Ⅱ. 단락의 맥락에 맞게 (   )에 알맞은 말 쓰기

....

52번 단락의 맥락에 맞게 (   )에 알맞은 말 쓰기

[52] 다음 글의 ㉠과 ㉡에 알맞은 말을 각각 쓰시오. (각 10점)

52번은 단락에 있는 (   )에 알맞은 말을 쓰는 문제입니다.

1. **중심 문장을 찾으십시오.** 그래서 **단락의 전체 내용**을 추측하고 확인하십시오.

    ⬇

2. (   )에 **사용할 어휘를 찾으십시오.** (   ) **앞뒤에 있는 문장**에서 어휘를 찾으십시오.

    ⬇

3. (   )에 **알맞은 문법을 찾으십시오.** (   )**의 문장과 앞뒤 맥락**에서 문법을 찾으십시오.

    ⬇

4. (   )에 **답안을 써서 읽어 보십시오.**

    ⬇

5. 채점자를 위해 답안을 **크고 깨끗하고 정확하게** 쓰십시오.

기출 문제의 경향과 풀이의 분석

기출 문제의 경향

지금까지 52번의 경향은 어떨까요? 확인해 보겠습니다. **글의 경향, 어휘의 경향, 문법의 경향**의 순서대로 보겠습니다.

1 글의 경향을 확인해 보겠습니다.

(1) 다음 표에서 보듯이, 52번 문제는 **의견을 주장하고 설득하는 글, 정보를 제공하는 글**이 나왔습니다. 글의 내용은 **과학적인 내용**처럼 객관적인 내용이 많았습니다.

(2) 글의 구조를 살펴보면, **중심 문장과 결론 문장이 앞뒤에 있기도 했고, 중심 문장이 마지막**에 나오기도 했습니다. 이와 다르게 '**그러나, 그런데, 하지만**'과 같은 접속어 다음에 **중심 문장**이 나오기도 했습니다.

(3) **의견 설득 글**은 두 가지 이상의 의견 중에서 한 의견을 비판하고 글쓴이의 의견을 주장하고 설득하고 있습니다. 따라서 여기에는 대부분 한 의견을 비판하고 부정하기 위해서 '그러나, 그런데, 하지만'을 사용하고 있습니다. 이러한 점이 의견 설득 글의 특징입니다. 이와 달리 **정보 제공 글**은 한 의견을 구체적으로 말해줍니다.

글의 경향

회차	글의 목적	글의 내용	글의 구조 (접속어, 이유표현 포함)	글의 중심 문장
91	의견 설득	단 음식 먹을 때 주의할 필요	뒷받침 문장들 (그런데) 따라서 중심 문장	따라서 평소에 단 음식을 지나치게 많이 먹지 않도록 주의할 필요가 있다
83	정보 제공	식물이 자기를 보호하는 방법	중심 문장 뒷받침 문장들 결론 문장	식물은 다양한 방법으로 자신을 보호한다.

64	정보 제공	별빛이 지구에 도달하는 시간	뒷받침 문장들 (그래서, 이처럼) 그래서 중심 문장	그래서 어떤 별이 사라져도 우리는 그 사실을 바로 알지 못하고 오랜 시간이 지나야 알 수 있다.
60	의견 설득	음악 치료 음악 ① 사람들의 생각 　- 밝은 음악 ② 글쓴이의 생각 　- 편안한 음악, 다양한 음악	뒷받침 문장 그러나 중심 문장 뒷받침 문장들 (그래서)	그러나 환자에게 항상 밝은 분위기의 음악을 들려주는 것은 아니다.
52	의견 설득	기분과 표정의 관계 ① 일반적인 의견 　-기분이 표정에 영향 ② 글쓴이의 의견 　-표정이 기분에 영향	뒷받침 문장들 (그런데, 그래서) 그러므로 중심 문장	그러므로 우울할 때일수록 밝은 표정을 짓는 것이 좋다.
47	의견 설득	병 예방 위한 손 씻기 ① 전문가들의 생각 　- 비누로 손 씻기 ② 일반적인 생각 　- 비누 없이 손 씻기	뒷받침 문장들 (그래서) 그런데 중심 문장 뒷받침 문장(-기 때문이다)	그런데 전문가들은 손을 씻을 때 꼭 비누를 사용하라고 한다.
41	의견 설득	머리 감고 말리기 ① 저녁에 감고 말리고 자기 ② 아침에 감기	뒷받침 문장들 (그러나, 그런데) 따라서 중심 문장 뒷받침 문장	따라서 자기 전에 머리를 말리고 자야 한다.
37	의견 설득	어려운 일에 대한 태도 ① 긍정적으로 생각하기 ② 불가능하다고 포기하기	뒷받침 문장들 그러므로 중심 문장	그러므로 우리는 시련이나 고난이 닥쳤을 때일수록 더욱 긍정적으로 생각할 필요가 있다.
36	의견 설득	기회 이용 ① 기회를 잡으려고 준비하기 ② 기회를 준비하지 않기	뒷받침 문장들 그러나 중심 문장 뒷받침 문장(-기 때문이다)	그러나 실제로 기회가 와도 그 기회를 잘 이용하지 못한다.
35	의견 설득	퍼즐로 유추한 사회와 개인의 관계	뒷받침 문장들 중심 문장 뒷받침 문장	사회를 구성하는 모든 개인도 있어야 할 자리에 있어야 한다.

2 어휘의 경향을 확인해 보겠습니다.

(1) 사용할 어휘는 (　)의 앞뒤 문장에 가장 많았습니다. **중심 문장**에서도 이를 찾을 수 있었습니다.

(2) (　) 문장에서 'N이/가 아니라, -지 못하고' 등과 같은 표현으로 반대를 말하면서 제시되는 경우에서도 사용할 어휘를 찾을 수 있었습니다.

어휘의 경향

회차	문항	어휘 찾기	찾은 어휘
91	㉠	㉠ 문장: 그런데 전문가들은 사람들이 술이나 담배에 **중독되는** 것처럼 단맛에도 (　　). → (　)는 같은 문장에서 '중독되는 것처럼'이라고 했습니다.	중독되다
	㉡	㉡ 문장: 따라서 평소에 **단 음식**을 지나치게 많이 (　　) 주의할 필요가 있다. → (　)는 같은 문장에서 '단 음식'이라고 했으니까 '음식을 먹다'를 알 수 있습니다.	먹다
83	㉠	㉠ 문장: **동물을 깜짝** (　　) ㉠의 뒷 문장: 결국 **놀란 동물**은 → (　)는 ㉠의 뒷 문장에서 찾을 수 있습니다.	깜짝 놀라다
	㉡	㉡ 문장: 이 나무가 **자신을 보호하는** (　　) 중심 문장: 식물은 다양한 **방법으로 자신을 보호한다**. → (　)는 중심 문장에서 찾을 수 있습니다.	자신을 보호하는 방법이다
64	㉠	㉠ 문장: 만약 우리가 **이 별을 본다면** 우리는 이 별의 **현재 모습**이 아니라 4억 년 전의 (　　) → (　)는 같은 문장에서 찾을 수 있습니다.	별을 보다 모습
	㉡	㉡ 문장: 그래서 어떤 별이 사라져도 우리는 그 사실을 바로 **알지 못하고** 아주 오랜 시간이 (　　) ㉡의 앞 문장: 이처럼 별빛은 **오랜 시간이 지나야** 지구에 도달한다. → (　)는 같은 문장과 ㉡의 앞 문장에서 찾을 수 있습니다.	알지 못하다≠알다 오랜 시간이 지나다

60	㉠	㉠ 문장: 그러나 환자에게 항상 밝은 분위기의 **음악을** (　　) ㉠의 앞 문장: 사람들은 음악 치료를 할 때 환자에게 주로 밝은 분위기의 **음악을 들려줄** 것이라고 생각한다. → (　　)는 ㉠의 앞 문장에서 찾을 수 있습니다.	음악을 들려주다
	㉡	㉡ 문장: 그 이후에는 환자에게 다양한 분위기의 음악을 들려줌으로써 환자가 다양한 **감정을** (　　) ㉡의 앞 문장: 치료 초기에는 환자가 편안한 **감정을 느끼는** 것이 중요하다. → (　　)는 ㉡의 앞 문장에서 찾을 수 있습니다.	감정을 느끼다
52	㉠	㉠ 문장: 그리고 기분이 좋지 않으면 표정이 어두워진다. 왜냐하면 (　　) ㉠의 뒷 문장: 그런데 이와 반대로 **표정이 우리의 감정에 영향을 주기도 한다.** → (　　)에 들어갈 어휘는 ㉠의 뒷 문장에서 찾을 수 있습니다.	표정이 감정에 영향을 주다 ≠ 감정이 표정에 영향을 주다
	㉡	㉡ 그러므로 우울할 때일수록 (　　) 것이 좋다. ㉡의 앞 문장: 그래서 기분이 안 좋을 때 **밝은 표정을 지으면** 기분도 따라서 좋아진다. → (　　)에 들어갈 어휘는 ㉡의 앞 문장에서 찾을 수 있습니다.	밝은 표정을 짓다
47	㉠	㉠ 문장: 그래서 병을 예방하기 위해서는 자주 (　　). ㉠의 뒷 문장: 전문가들은 **손을 씻을** 때 → (　　)에 들어갈 어휘는 ㉠의 뒷 문장에서 찾을 수 있습니다.	손을 씻다
	㉡	㉡ 문장: 전문가들은 손을 씻을 때 꼭 (　　). ㉡의 뒷 문장: **비누 없이** 물로만 씻으면 손에 있는 세균을 제대로 없애기 어렵기 때문이다. → (　　)에 들어갈 어휘는 ㉡의 뒷 문장에서 찾을 수 있습니다.	비누 없이 ≠ 비누로 비누를 가지고

41	㉠	㉠ 문장: 그러나 더러워진 머리는 감고 자야 머릿결이 좋기 때문에 ( ). ㉠의 앞 문장: 사람들은 보통 **아침에 머리를 감는다**. → ( )는 ㉠의 앞 문장에서 찾을 수 있습니다.	아침에 머리를 감다 ≠ 저녁에 머리를 감다
	㉡	㉡ 문장: 따라서 ( ) ㉡의 앞 문장: 그런데 젖은 머리로 **자면** 머릿결이 상하기 쉽다. ㉡의 뒷 문장: 만약 **머리를 말리**기 어려우면 아침에 감는 것이 좋다. → ( )에 들어갈 어휘는 ㉡의 앞뒤 문장에서 찾을 수 있습니다.	자다 머리를 말리다
37	㉠	㉠ 문장: ( ) ㉠의 뒷 문장: 다른 하나는 **어려워서 불가능하다고 포기하는** 것이다. → ( )에 들어갈 어휘는 ㉠의 뒷 문장에서 찾을 수 있습니다.	어려워서 불가능하다고 포기하다 ≠ 어려워도 불가능하다고 포기하지 않다
	㉡	㉡ 문장: 반대로 ( ). ㉡의 앞 문장: 그런데 **긍정적인 결과를 기대할수록 좋은 결과를 얻을** 확률이 높다. → ( )에 들어갈 어휘는 ㉡의 앞 문장에서 찾을 수 있습니다. ㉡ 문장에서 '반대로'라고 했으니까 ㉡의 앞 문장과 반대의 내용이 있는 어휘를 찾아야 합니다.	긍정적인 결과를 기대할수록 좋은 결과를 얻다 ≠ 부정적인 결과를 생각할수록 좋은 결과를 얻기 어렵다
36	㉠	㉠ 문장: 기회를 통해서 평범한 사람은 유명해지기도 하고 ( ). ㉠ 앞 문장: 기회는 어떤 사람에게 명예와 **부를 안겨 준다**. → ( )에 들어갈 어휘는 ㉠의 앞 문장에서 찾을 수 있습니다.	부를 안겨 주다 ≒ 부자가 되다
	㉡	㉡ 문장: 그러나 실제로 ( ). ㉡의 앞 문장: 그런 **기회가 찾아오**기를 기다린다. ㉡의 뒷 문장: **이렇게 기회를 잘 이용하지 못하**는 것은 기회를 잡으려는 준비를 하지 않았기 때문이다. → ( )에 들어갈 어휘는 ㉡의 앞뒤 문장을 확인하면 들어갈 어휘를 찾을 수 있습니다.	기회가 찾아오다 기회를 잘 이용하지 못하다

35	㉠	㉠ 문장: 그런데 만일 (　　　). ㉠의 앞 문장: **퍼즐은 여러 개의 조각을 모두 제 위치에 놓아야 하나의 그림이 완성된다.** → (　　)에 들어갈 어휘는 ㉠의 앞 문장에서 찾을 수 있습니다. ㉠ 문장에서 '그런데 만일'이라는 말이 있으니까 ㉠의 앞 문장 내용과 반대의 내용을 쓸 수 있습니다.	퍼즐은 여러 개의 조각을 모두 제 위치에 놓아야 하나의 그림이 완성된다. ≠ 퍼즐 조각을 제 위치에 놓지 않으면 그림이 완성될 수 없다
35	㉡	㉡ 문장: 그래야 (　　　). 맨 앞 문장: 퍼즐은 여러 개의 조각을 모두 제 위치에 놓아야 하나의 그림이 완성된다. ㉡의 앞 문장: **사회를 구성하는 모든 개인도 있어야 할 자리에 있어야 한다.** → (　　)에 들어갈 어휘는 ㉡의 맨 앞 문장, ㉡의 앞 문장을 확인하면 들어갈 어휘를 찾을 수 있습니다.	퍼즐 조각=개인 그림=사회 하나의 그림이 완성된다=사회가 하나가 되다

3 문법의 경향을 확인해 보겠습니다.

(1) 답안의 문장 길이가 갈수록 짧아지고 있습니다. 어휘를 앞뒤 문장, 중심 문장 등에서 어렵지 않게 찾을 수 있기 때문에 정확하게 짧게 써야 합니다.

(2) 문법 표현만 보자면, **사동 표현(-게 하다), 규칙 표현(-는 것이다), 의무 표현(-아/어야 하다), 이유 표현(-기 때문이다), 조언 표현(-는 것이 좋다), 간접화법 표현(-(이)라고 하다/-다고 하다)** 등이 출제되었습니다. 따라서 이 문법 표현을 정확히 알고 사용할 수 있어야 합니다.

문법의 경향

회차	문항	찾은 어휘	문법 표현	모범 답안
91	㉠	중독되다	-다고 하다(간접 화법)	중독된다고 한다
	㉡	먹다	-지 않도록(사동, 목적)	먹지 않도록

83	㉠	깜짝 놀라다	-게 하다(사동)	놀라게 한다
	㉡	자신을 보호하는 방법이다	전문가들은 -다고 하다 / N(이)라고 하다(간접 화법)	방법이라고 한다
64	㉠	별을 보다 모습	N이/가 아니라 -는 것이다(규칙)	모습을 보는 것이다
	㉡	알지 못하다 ≠ 알다 오랜 시간이 지나다	-어/아야(조건) -(으)ㄹ 수 있다(가능)	지나야 알 수 있다
60	㉠	음악을 들려주다	그러나 -는 것은 아니다(규칙)	들려주는 것은 아니다
	㉡	감정을 느끼다	-게 하다(사동) -도록 하다(사동)	느끼게 한다 느끼도록 한다
52	㉠	표정이 감정에 영향을 주다 ≠ 감정이 표정에 영향을 주다	왜냐하면 -기 때문이다(이유)	감정이 표정에 영향을 주기 때문이다
	㉡	밝은 표정을 짓다	-는 것이 좋다(조언)	밝은 표정을 짓는
47	㉠	손을 씻다	-기 위해서는 -아/어야 하다(의무)	손을 씻어야 한다
	㉡	비누 없이 ≠ 비누로 비누를 가지고	전문가들은 -다고 하다/N(이)라고 하다(간접 화법)	비누를 사용하라고 한다 비누로 씻으라고 한다
41	㉠	아침에 머리를 감다 ≠ 저녁에 머리를 감다	-기 때문에 -는 것이 좋다(조언)	머리는 저녁에 감는 것이 좋다
	㉡	자다 머리를 말리다	-기 전에(시간) 따라서 -아/어야 하다(의무)	자기 전에 머리를 말리고 자야 한다

37	㉠	어려워서 불가능하다고 포기하다 ≠ 어려워도 불가능하다고 포기하지 않다	하나는 -아/어도 -는 것이다 (규칙)	하나는 아무리 어려워도 절대 포기하지 않는 것이다
	㉡	긍정적인 결과를 기대할수록 좋은 결과를 얻다 ≠부정적인 결과를 생각할수록 좋은 결과를 얻기 어렵다	-(으)ㄹ 확률이 낮다	부정적인 생각을 하면 좋은 결과를 얻을 확률이 낮다
36	㉠	부를 안겨 주다 ≒ 부자가 되다	-기도 하고 -기도 하다 (나열)	부자가 되기도 한다
	㉡	기회가 찾아오다 기회를 잘 이용하지 못하다	-아/어도 (가정)	기회가 와도 그 기회를 잘 이용하지 못한다
35	㉠	퍼즐은 여러 개의 조각을 모두 제 위치에 놓아야 하나의 그림이 완성된다. ≠ 퍼즐 조각을 제 위치에 놓치 않으면 그림이 완성될 수 없다	그런데 만일 -(으면) -는다 (가정)	퍼즐 조각이 제 자리에 놓이지 않으면 그림은 완성되지 않는다
	㉡	퍼즐 조각=개인 그림=사회 하나의 그림이 완성된다=사회가 하나가 되다	-아/어야 하다 (의무) 그래야 -기 때문이다 (이유)	비로소 사회가 하나로 돌아가기 때문이다

> **기출 문제 풀이의 분석**

52번 문제 풀이를 위해 **글의 목적, 중심 문장 위치, 어휘의 위치, 문법 표현**의 순서대로 확인해 보겠습니다.

1 52번 글의 목적은 무엇일까요? 글쓴이는 왜 이 글을 쓸까요?

지금까지 공개된 기출 문제들을 보면, 52번 문제 글의 글쓴이는 **정보 제공** 또는 **의견 설득**을 위해서 글을 썼습니다.

① 글쓴이는 **자기가 알고 있는 특별한 정보를 독자들에게 제공**하려고 글을 썼다.
→ 정보 제공

② 글쓴이는 **자기가 가진 의견을 독자들에게 주장하고 설득**하려고 글을 썼다.
→ 의견 설득

〈제91회 52번 문제 글〉을 보겠습니다. 글쓴이는 무슨 목적을 이루기 위해 이 글을 썼다고 봅니까?

52. 스트레스를 받았을 때 사탕이나 과자와 같이 단 음식을 먹으면 기분이 좋아진다. 단 음식으로 인해 뇌에서 기분을 좋게 만드는 호르몬이 나오기 때문이다. 그런데 전문가들은 사람들이 술이나 담배에 중독되는 것처럼 단맛에도 (㉠   ). 따라서 평소에 단 음식을 지나치게 많이 (㉡   ) 주의할 필요가 있다.

91회 52번 문제 글의 글쓴이는 독자들에게 **자기의 의견을 주장**하기 위해 글을 썼습니다. 이 글은 **단 음식도 술이나 담배처럼 중독되기 때문에 단 음식을 주의할 것을 요청**하고 있습니다.

2 52번 글을 이해하려면 중심 문장을 파악해야 합니다.

중심 문장이란 단락에서 중심 생각이 있는 문장을 말합니다. 보통, 중심 문장은 한 단락의 **전체 내용을 소개**하거나 **요약**해서 말하는데 **명사로 된 핵심어**를 사용할 때가 많습니다.

중심 문장 이외의 문장들을 **뒷받침 문장들**이라고 합니다. 뒷받침 문장들은 중심 문장을 구체적으로 설명하거나 중심 문장이 맞음을 논증합니다.

그렇다면 중심 문장이 어디에 있느냐를 확인하면 52번 글을 쉽게 이해할 수 있습니다. 중심 문장은 어디에 있을까요?

52번 기출 문제를 확인해 보니, 중심 문장의 위치는 다음과 같았습니다.

①	한국의 겨울에는 삼한사온 현상이 있다.(중심 문장) 한국은 겨울이 되면 삼일 정도는 춥거나 눈이 오거나 바람이 분다. 이런 날들이 계속 되다가 사일 정도는 초봄 날씨처럼 푸근하고 춥지 않은 날씨가 지속된다. 한국 사람들은 이러한 삼한사온 현상 때문에 따뜻한 날을 예측하여 이날들 중에 하루를 선택하여 야외활동을 하기도 한다.
②	한국은 겨울이 되면 삼일 정도는 춥거나 눈이 오거나 바람이 분다. 이런 날들이 계속 되다가 사일 정도는 초봄 날씨처럼 푸근하고 춥지 않은 날씨가 지속된다. 한국 사람들은 이러한 삼한사온 현상 때문에 따뜻한 날을 예측하여 이날들 중에 하루를 선택하여 야외활동을 하기도 한다. 기상 전문가들에 따르면 이러한 삼한사온 현상이 어느 정도 과학적인 현상이라고 한다.(중심 문장)
③	한국의 겨울에는 삼한사온 현상이 있다.(중심 문장) 한국은 겨울이 되면 삼일 정도는 춥거나 눈이 오거나 바람이 분다. 이런 날들이 계속 되다가 사일 정도는 초봄 날씨처럼 푸근하고 춥지 않은 날씨가 지속된다. 한국 사람들은 이러한 삼한사온 현상 때문에 따뜻한 날을 예측하여 이날들 중에 하루를 선택하여 야외활동을 하기도 한다. 기상 전문가들에 따르면 삼한사온이 어느 정도 과학적인 현상이라고 한다.(결론 문장)
④	사람들은 겨울이 되면 어린이들이 야외에 나가 눈사람을 만들거나 눈싸움을 하는 것이 정서 발달에 좋다고 한다. 신체적인 움직임이 어린이의 정서에 긍정적인 영향을 끼치기 때문이다. 그러나 겨울에 야외놀이를 하는 것보다 도서관에서 좋아하는 책을 마음껏 읽는 것이 정서 발달에 더 효과적이다.(중심 문장) 왜냐하면 책은 어린이의 감정적인 반응을 직접적으로 끌어올 수 있기 때문이다.

⑤	사람들은 어린이들이라면 겨울에 야외에 나가 눈사람을 만들거나 눈싸움을 하는 것이 정서 발달에 좋다고 한다. 신체적인 움직임이 어린이의 정서에 긍정적인 영향을 끼치기 때문이다. 그러나 겨울에 야외놀이보다는 도서관에서 관심 도서를 만끽하는 것이 정서 발달에 더 효과적이다. 왜냐하면 책은 어린이의 감정적인 반응을 직접적으로 끌어올 수 있기 때문이다. 그러므로 겨울에는 아이들을 독서실로 가게 해야 한다.(중심 문장)

①에서는 단락의 **첫 문장**, ②에서는 단락의 **마지막 문장**, ③에서는 단락의 **첫 문장과 마지막 문장**, ④에서는 **그러나 다음에 있는 문장**에 중심 문장이 있습니다. 이러한 문장을 **그러나 문장**이라고 하겠습니다. ⑤에서는 **그러므로 다음에 있는 문장**입니다. 이러한 문장을 **그러므로 문장**이라고 하겠습니다. ③처럼 첫 문장이 중심 문장이면, 마지막 문장을 결론 문장이라고 합니다.

우리가 52번 글에서 중심 문장을 찾으려면 다음과 같이 하십시오.

① 〈**그러나, 하지만, 그런데, 반면에**〉와 같이 **그러나 문장**이 있으면 이 문장을 먼저 확인하십시오.

⬇

② **첫 번째 문장, 마지막 문장**을 확인하십시오.

⬇

③ **그러므로 문장**이 있으면 이 문장을 확인하십시오.

그러면, 91회 52회 글의 중심 문장을 찾아보겠습니다.

> 스트레스를 받았을 때 사탕이나 과자와 같이 단 음식을 먹으면 기분이 좋아진다. 단 음식으로 인해 뇌에서 기분을 좋게 만드는 호르몬이 나오기 때문이다. 그런데 전문가들은 사람들이 술이나 담배에 중독되는 것처럼 단맛에도 (㉠). 따라서 평소에 단 음식을 지나치게 많이 (㉡) 주의할 필요가 있다.

① '**그러나**' 문장이 있습니까? 네. 있습니다. '**그런데**'가 있습니다. 〈그런데 전문가들은 사람들이 술이나 담배에 중독되는 단맛에도 중독된다고 한다.〉 이 문장이 중심문장인가요? 아닙니다. 단락의 마지막 문장이 중심문장입니다. 〈따라서 평소에 단 음식을 지나치게 많이 먹지 않도록 주의할 필요가 있다〉 **따라서**'는 '**그러므로**'와 같이 결론을 말해주는 말입니다.

3 52번 (   )에서 어휘 파악은 가장 중요합니다. 왜냐하면 어휘를 모르면 답안을 쓸 수 없기 때문입니다. 그렇다면 (   )에 사용할 어휘는 글에서 어디에 있을까요? 어디에서 찾을 수 있을까요?

기출 문제를 확인해 보았더니, (   )에 사용할 어휘는 보통 ① (   ) **앞뒤에 있는 문장**, ② (   ) **문장**, ③ **중심 문장**에 있었습니다.

그럼 91회 52번 문제 글에서 (   )에 사용할 어휘를 찾아보겠습니다. 먼저, (㉠)이 있는 문장과 뒤에 있는 문장을 함께 보겠습니다.

그런데 전문가들은 사람들이 술이나 담배에 중독되는 것처럼 단맛에도 (㉠).

㉠에 사용될 어휘는 (㉠) 문장에 있습니다. '중독되는 것처럼'이라는 말을 통해 '중독되다'라는 어휘를 얻을 수 있습니다.

다음으로, (㉡)에 들어갈 어휘를 찾아보겠습니다.

따라서 평소에 단 음식을 지나치게 많이 (㉡) 주의할 필요가 있다.

㉡에 들어갈 어휘도 (㉡)에서 찾을 수 있습니다. 이 문장 앞에서 '음식을'이라는 말이 나왔으니까 '먹다'가 나와야 적당합니다.

정리해보겠습니다.

	사용할 어휘 있는 곳	사용할 어휘
㉠	(㉠) 문장	중독되다
㉡	(㉡) 문장	먹다

4 52번 (   )에 맞는 어휘를 찾은 후에 문법 표현에 맞게 써야 합니다.

기출 문제를 보면 **간접화법 표현**(-다고 하다/N이라고 하다), **사동 표현**(-게 하다, -도록 하다), **규칙 표현**(-는 것이다), **의무/주장 표현**(-아/어야 하다), **이유 표현**(왜냐하면 -기 때문이다), **조언 표현**(-는 것이 좋다), **가능 표현**(-(으)ㄹ 수 있다), **가정 표현**(-아/어도), **나열 표현**(-기도 하고 -기도 하다) 등이 많이 나왔습니다.

알맞은 문법 표현을 어떻게 찾을 수 있을까요?

91회 52번 읽기 글에 있는 ㉠에 알맞은 문법 표현을 보겠습니다.

그런데 전문가들은 사람들이 술이나 담배에 중독되는 것처럼 단맛에도 (㉠   )

'전문가들은'이라는 사람들이 나왔기 때문에 뒤에 나오는 문법 표현을 추측할 수 있습니다. 바로 '**-다고 하다/라고 하다**'입니다. 글쓴이가 다른 사람이 말한 것을 전할 때 씁니다. **간접 화법**이라고 합니다.

간접 화법 표현 정리

사람이	-다고 하다	친구가 지금 공부한다고 한다.
		친구가 지금 아프다고 한다.
	N(이)라고 하다	친구가 핸드폰이 최신형이라고 한다.

그러니까 우리가 아는 어휘인 '중독되다'와 '-다고 하다/라고 하다'를 합하면 됩니다. 그래서 '중독된다고 한다'가 됩니다.

다음으로, ㉡에 알맞은 문법 표현을 보겠습니다.

따라서 평소에 단 음식을 지나치게 많이 (㉡   ) 주의할 필요가 있다.

우리는 이 문장에서 문법 표현을 추측할 수 있습니다. 여기에는 '**-게, -도록**'이 들어갑니다. 목적이나 방법을 말할 때 쓰는 문법 표현입니다. 예를 들면 다음과 같습니다.

선생님이 학생을 공부할 수 있도록 도와주셨다.
의사 선생님이 과식하지 않도록 주의를 주었다.

특히, '-지 않도록'은 주의나 금지를 말할 때 쓰입니다.

정리하겠습니다.

	찾은 어휘	문법 표현	답안
㉠	중독되다	-다고 하다	중독된다고 한다
㉡	먹다	-지 않도록, -지 않게	먹지 않도록/먹지 않게

다음을 기억하십시오!

▶ 중심 문장을 찾으십시오. 내용을 확인하십시오.
▶ 어휘를 찾으십시오. 중심 문장과 (　　)의 주변 문장에서 찾으십시오.
▶ 문법 표현을 확인하십시오. (　　)의 문장과 주변 문장에서 추측하고 확인하십시오.
▶ 찾은 어휘를 문법 표현에 적용해 쓰십시오.

연습 문제 1

(1) 어휘 찾기 연습

※ [1~24] 어휘를 찾아 쓰고 답안을 완성하십시오.

예시
> 스마트폰은 집착과 같은 중독을 일으키기도 한다. 전문가들에 따르면 이러한 중독은 (　　) 한다고 한다. 결국 발생한 우울증으로 말미암아 학교 생활이나 사회 생활에 지장에 이르기도 한다는 것이다.

어휘	문법	답안
우울증을 발생하다	-게	**우울증을 발생하게**

1.
> 갈릴레오 갈릴레이는 지구는 (　　). 가톨릭 교회는 그의 이러한 주장에 반박하며 태양이 지구를 중심으로 돌고 있다고 하면서 갈릴레이를 종교 재판에 회부하기도 하였다. 그러나 1992년 10월 31일에 교황은 가톨릭 교회를 대표해 이 종교 재판에서 오류가 있었음을 인정했다

어휘	문법	답안
	-다고 주장하다	

2.
> 동양에서는 용이 나쁜 것을 물리치거나 비와 바람을 관리하는 존재로 여겨졌다. 뿐만 아니라 왕을 상징하기도 하였다. 전문가들은 조선왕조에서도 왕이 (　　) 옷에, 경북궁 근정전 천장에, 경회루에 각각 용을 형상화했다고 한다.

어휘	문법	답안
	-는	

3.
> 　사람들은 가짜 뉴스를 없애기 위해서는 사실이 무엇인지 확인하면 될 것이라고 생각한다. 그러나 가짜 뉴스는 (　　　) 것이기 때문에 사실 확인을 하면 없어지는 것이 아니다. 따라서 사람들의 소망이 잘못되었다는 것을 지적해야 가짜 뉴스가 없어질 수 있다.

어휘	문법	답안
	-는	

4.
> 　기술의 발전은 자연을 훼손하여 (　　　) 멈추어야 한다. 왜냐하면 지구는 여름에는 날이 갈수록 뜨거워지고 있고, 폭염, 폭우, 홍수가 일상화되었다. 겨울에는 폭설과 한파가 증가하고 있다. 이러한 이상 기후의 발생은 갈수록 심해질 것이다.

어휘	문법	답안
	-(으)므로	

5.
> 　어떤 사람들은 초등학교에서 시험이 사라져야 학생들이 재미있게 공부할 수 있다고 생각한다. 그러나 시험이 사라져야 학생들이 재미있게 공부할 수 있는 것은 아니다. 반대로 학생들은 (　　　) 무엇을 공부할지 힘들어 할 수도 있다.

어휘	문법	답안
	-아/어서	

6.
> 거짓말은 다른 사람을 속여 피해를 주는 말과 행위이기 때문에 하면 안 된다. 그런데 거짓말이 필요할 때가 있다. 친구나 가족을 위해 깜짝 파티를 해 줄 때나 다른 사람을 위해 선의로 거짓말을 할 때가 그때다. 이때는 사람들에게 피해를 주지 않는다. 그러므로 다른 사람에게 (   ) 거짓말이라면 할 수도 있다.

어휘	문법	답안
	-는	

7.
> 우리 사회에서 돈은 (   ) 줄 수 있는 수단이다. 그러나 모든 문제를 해결할 수는 없다. 따라서 문제를 돈에만 의지하여 해결하려고 하는 태도는 지양해야 한다.

어휘	문법	답안
	-아/어 주다	

8.
> 많은 사람들은 운동 경기의 목적이 승리에 있다고 본다. 그래서 국가 대항 축구 경기에서 자기 나라 팀이 지게 된다면 기분이 좋지 않게 된다. 그러나 운동 경기의 목적은 (   )는 것이 아니라 정정당당한 경기 그 자체에 있다. 정정당당하게 경기에 임하여 열심히 하는 것에 있다는 말이다.

어휘	문법	답안
	-는 데 있다	

9.
> 동서양을 막론하고 인간은 여러 가지 면에서 다른 생명체보다 (   )라고 한다. 그러나 진화론에 따르면 인간은 여러 유인원 중 하나일 뿐이고 다른 생명체들과 마찬가지로 유전자를 후세에 전하는 존재이다. 그러므로 인간은 다른 생명체보다 뛰어난 존재가 아니라 다른 생명체들과 같은 존재일 뿐이다.

어휘	문법	답안
	N(이)라고 하다	

10.
> 친구가 심한 두통으로 앓고 있는데 병원에 가지 않았다. 그래서 병원에 (   ).

어휘	문법	답안
	-게 하다	

11.
> 사람들은 통계는 객관적이고 믿을 만하다고 한다. 그러나 통계는 조작이 많아서 (   ).

어휘	문법	답안
	-(으)ㄹ 수 없다	

12.
> 건강해지기 위해서는 (   ) 것이 좋다. 살을 빼고 나서 운동을 해야 몸도 건강해진다.

어휘	문법	답안
	-는	

13.
> 전문가들은 글을 쓸 때는 (   ). 개요 없이 무작정 글을 쓰면 글이 우왕좌왕 길을 잃는다.

어휘	문법	답안
	-으라고 하다	

14.
> 교수들은 훌륭한 논문을 쓰고 싶어한다. 그러나 실제로 (   ). 이렇게 훌륭한 논문을 쓰는 사람이 적은 것은 학교의 잡무에 시달리기 때문이다.

어휘	문법	답안
	-지 않다	

15.
> 인간관계에서 말을 조심하지 않으면 그만큼 손해볼 수 있다. 따라서 (   ).

어휘	문법	답안
	-아/어야 하다	

16.
도서관에서 다른 사람이 큰 소리로 전화할 때 우리의 태도는 두 가지이다. (   ). 다른 하나는 그 사람 때문에 불쾌하다는 눈치를 주어 간접적으로 말하는 것이다.

어휘	문법	답안
	-는 것이다	

17.
문제 해결을 적극적으로 시도할 경우 문제가 해결될 확률은 높아진다. 반대로 (   ). 그러므로 문제가 발생하면 즉각 힘을 내어 해결하려고 노력할 필요가 있다.

어휘	문법	답안
	-(으)ㄹ 것이다	

18.
세계 역사에서 여성의 교육권과 참정권은 최근에서야 보장되었다. 여성은 남녀평등이라는 근대적인 이념에 의해서 남성과 같은 수준의 (   ) 정치에 참여할 수 있는 권리가 주어지기도 하였다.

어휘	문법	답안
	-기도 하고	

19.

실제로 지구상에서 (   ) 것은 아니다. 이렇게 아직까지도 전쟁이 존재하는 것은 국가간에 심각한 갈등이 남아 있기 때문이다.

어휘	문법	답안
	-(으)ㄴ	

20.

한국의 한 정치인은 노인들을 위한 무임승차 제도를 (   ). 이 제도를 폐지하고 노인들에게 소액의 승차비를 받아야 한다고 말해 논란이 되고 있다.

어휘	문법	답안
	-아/어야 한다고 주장하다	

21.

어떤 사람들은 가수도 정치적인 의사를 (   )고 생각한다. 그러나 다른 사람들은 가수가 정치적인 의견을 표현하면 안 된다고 말한다. 왜냐하면 가수는 다수의 사람들에게 영향을 미칠 수 있기 때문이라는 것이다.

어휘	문법	답안
	-(으)ㄹ 수 있다	

22.
( )는 사회는 발전이 멈출 수밖에 없다. 따라서 지속되는 혐오를 금지하고 사랑과 환대를 키울 수 있도록 우리는 노력해야 한다.

어휘	문법	답안
	-는	

23.
여러 나라의 민간 회사에서 달 착륙 시도를 하고 있다. 그러나 아쉽게도 달 ( )는 노력은 실패하였다.

어휘	문법	답안
	-는	

24.
최근 통계에 따르면 한국인의 40%는 집에서 ( ) 때 가장 즐겁다고 응답했다. 그러나 이러한 상황은 우려스럽다. 사람은 사회적인 동물이기 때문에 가족을 이루어 사는 것이 좋다.

어휘	문법	답안
	-(으)ㄹ 때	

(2) 문법 찾기 연습

※ [1~24] 문법을 찾아 쓰고 답안을 완성하십시오.

예시

진화학자들은 생물은 자연에 적합한 종이 (　　　).

어휘	문법	답안
살아남다	–는다고 한다	**살아남는다고 한다**

1.

행복은 다른 사람들이 즐거워하는 밖에 있는 것이 아니라 (　　　).

어휘	문법	답안
자기 마음 안에 있다		

2.

우리는 오래된 친구의 장점을 보지 못하고 (　　　).

어휘	문법	답안
단점을 이야기하다		

3.

　　어린이들은 그림을 그리면서 상상력이 풍부해진다. 따라서 어린이들에게 다양한 시각에서 그림을 그리게 함으로써 어린이들은 풍부한 (　　　).

어휘	문법	답안
상상력을 키우다		

4.
> 인간은 정신적으로 스트레스를 받으면 육체적으로도 아프게 된다. 왜냐하면 정신과 육체가 (   ).

어휘	문법	답안
연결되어 있다		

5.
> 피곤할 때 노래를 부르면 기분이 전환된다. 그러므로 피로할수록 (   ).

어휘	문법	답안
노래를 부르다		

6.
> 보고서를 교수에게 제출할 때 퇴고하지 않고 제출하는 학생이 많다. 그러나 퇴고하지 않은 보고서는 형식이나 내용에 실수가 많기 때문에 반드시 (   ).

어휘	문법	답안
퇴고하다		

7.
> 뛰다가 무릎을 건물에 부딪치면 무릎 관절 통증이 생기기 쉽다. 따라서 (   ).

어휘	문법	답안
건물을 피해서 달리다		

8.
> 공부를 시작할 때 우리의 태도는 주로 두 가지이다. (　　). 다른 하나는 미루지 않고 바로 시작하는 것이다.

어휘	문법	답안
당장 시작하지 않고 미루다		

9.
> 바쁜 사람은 갑자기 아프면 두 가지 생각을 가질 수 있다. 하나는 긍정적으로 생각해 잠시 쉬면서 몸을 치료하는 것이다. 다른 하나는 (　　).

어휘	문법	답안
부정적으로 생각해 바쁘지만 쉬지 않고 일을 하다		

10.
> 독서는 어떤 사람에게 지식과 삶의 길을 안겨 준다. 독서를 통해서 사람은 많은 것을 알 수 있기도 하고 (　　).

어휘	문법	답안
삶의 방향을 알다		

11.
> 사회에서 모든 개인은 자기가 맡은 책임감을 가지고 업무에 임해야 한다. 그래야 (　　).

어휘	문법	답안
사회가 발전하다		

12. 글쓰기는 개요를 짠 다음 글을 쓰고 글을 쓴 다음 개요를 고치는 과정이 반복되어야 완성될 수 있다. 그런데 만일 (   ).

어휘	문법	답안
글쓰기에서 이러한 반복 과정이 없으면 글이 완성되다		

13. 책을 읽다 보면 모르는 내용이 나와 질문이 생긴다. 이 질문은 해답을 (   ). 잠시 해답을 찾았지만 더 큰 질문이 생긴다.

어휘	문법	답안
찾다		

14. 한국에는 여러 건국 신화가 있다. 국문학자들은 단군 신화가 한국 최초의 (   ).

어휘	문법	답안
건국 신화이다		

15.
> 리처드 도킨스의 《이기적 유전자》에서는 인간이 자신의 삶을 향유하는 것이 아니라 유전자가 자기의 유전자를 남기기 위해서 (   ).

어휘	문법	답안
생명체를 남기다		

16.
> 일반적인 번역에서는 문자를 그대로 번역하는 직역보다는 문자를 현대적 (   ) 번역하는 의역이 선호되고 있다.

어휘	문법	답안
의미에 맞다		

17.
> 예전 사람들은 말기 암 환자에게 몸이 좋아지고 있다고 거짓말을 하는 것이 그 사람을 위해 좋은 것이라고 생각했다. 그러나 이러한 언행이 환자에게 좋은 의도라고 해도 거짓말을 (   ).

어휘	문법	답안
하는 것은 좋다		

18.
> 이 지구상에서 전쟁은 없어야 한다. 왜냐하면 (   ).

어휘	문법	답안
전쟁은 가장 비인간적인 행위이다		

19.
> 혼자 있을 때 친구들의 목소리를 들으면 위로를 받을 수 있다. 그러므로 외로울 때는 (   ).

어휘	문법	답안
친구들에게 전화하다		

20.
> 드라마의 내용을 이해하기 위해서는 (   ).

어휘	문법	답안
주인공을 관찰하다		

21.
> 전문가들은 황반변성과 같은 눈질환에 걸리지 않으려면 첫째, (   ).

어휘	문법	답안
금연하다		

22.
> 커피는 신진대사를 활성화시켜 체중관리에 도움이 되기 때문에 하루에 한잔 (   ) 좋다.

어휘	문법	답안
마시다		

23.
성공이라는 버스는 (   ) 기다려야 온다. 성공을 못하는 사람이 가지지 못한 것은 재능이 아니라 참을성인 것이다.

어휘	문법	답안
참을성이 있다		

24.
한국에 노래 경연 (   ) 있다. 트롯트 가수 경연부터 아이돌 가수 선발 대회, 심지어는 재기하는 가수들을 응원하는 대회까지 있다. 이렇게 노래 경연 열풍은 새로운 스타들을 배출하고 있다.

어휘	문법	답안
열풍이 불다		

연습 문제 ②

※ 글의 ㉠과 ㉡에 알맞은 말을 각각 쓰시오. (각 10점)

1.
> 사람들은 타인과 의사소통을 원활하게 하고 싶어 한다. 이러한 바람을 이루기 위해서 사람들은 성실한 말하기를 실천한다. 침묵을 멈추고 타인에게 해야 할 말을 자세하게 한다. 그러나 타인에게 하는 성실한 말하기는 원활한 의사소통을 (㉠). 왜냐하면 이러한 일방적인 말하기는 타인이 무엇을 듣고 싶은지 (㉡) 때문이다. 그러므로 다른 사람과 제대로 된 의사소통을 하려면 말하기보다 듣기가 선행되어야 한다.

① 중심 문장을 찾으세요.	
② 사용할 어휘를 주변 문장에서 찾으세요.	㉠
	㉡
③ 문법 표현을 찾으세요.	㉠
	㉡
④ 어휘에다가 문법을 적용해서 답안을 쓰세요.	㉠
	㉡

2.

> 홍수나 산불과 같은 자연재해를 경험한 사람은 외상 후 스트레스 장애로 고통받는다. 왜냐하면 홍수 혹은 산불이 일어났을 때 사람은 생존을 위해 물이나 불과 싸워 이겨내야 하는 경험을 할 수밖에 없기 때문이다. 심하면 이러한 자연재해로 인해 사망하는 사람을 (㉠) 삶의 무력감은 극에 달하게 된다. 이처럼 인간은 감당할 수 없는 자연재해 앞에서 아무것도 (㉡)는 심리를 가지게 된다.

① 중심 문장을 찾으세요.	
② 사용할 어휘를 주변 문장에서 찾으세요.	㉠ ㉡
③ 문법 표현을 찾으세요.	㉠ ㉡
④ 어휘에다가 문법을 적용해서 답안을 쓰세요.	㉠ ㉡

3.
> 　동물들도 인간들처럼 기쁨, 무서움, 불안 등과 같은 감정을 가지고 있다. 동물들도 인간과 마찬가지로 뇌의 한 부분인 편도체를 가지고 있는데, 전문가들은 이 편도체가 감정을 다루는 역할을 (　㉠　). 우리가 느끼는 모든 감정은 바로 이 편도체와 관련되어 있다. 실제 실험에서 동물의 울음, 웃음 등과 같은 감정 표현들이 편도체와 관련되어 있음이 밝혀졌다. 이처럼 동물들도 인간과 같이 (　㉡　)는 공통점이 있다.

① 중심 문장을 찾으세요.	
② 사용할 어휘를 주변 문장에서 찾으세요.	㉠ ㉡
③ 문법 표현을 찾으세요.	㉠ ㉡
④ 어휘에다가 문법을 적용해서 답안을 쓰세요.	㉠ ㉡

4.
> 　　잘 버릴 줄 알아야 성공할 수 있다. 모으고 쌓아 두어야 성공인 줄 아는 사람들이 있다. 물론 어느 정도 맞는 말이다. 그러나 필요하지 않은 것까지 지속적으로 모은다고 해서 (㉠). 당장 필요 없는 것은 버리는 것이 삶의 지혜이다. 그래야 새로운 것이 (㉡).

① 중심 문장을 찾으세요.	
② 사용할 어휘를 주변 문장에서 찾으세요.	㉠ ㉡
③ 문법 표현을 찾으세요.	㉠ ㉡
④ 어휘에다가 문법을 적용해서 답안을 쓰세요.	㉠ ㉡

5.

> 도움을 받고 싶으면 이미지 연습이 필요하다. 공부할 때, 시험볼 때, 시합할 때 생각속에서 미리 자신의 이미지를 떠올려 그 자리에 있게 하는 연습을 하면 생각보다 큰 (㉠). 생각 속에서 곤란한 상황을 설정하고 그것을 해결하는 나의 이미지를 그리면 실제로 (㉡) 경우가 많다. 그래서 운동 선수들은 실제로 이미지 연습을 한다.

① 중심 문장을 찾으세요.	
② 사용할 어휘를 주변 문장에서 찾으세요.	㉠ ㉡
③ 문법 표현을 찾으세요.	㉠ ㉡
④ 어휘에다가 문법을 적용해서 답안을 쓰세요.	㉠ ㉡

6.

> 세계는 갈수록 환경오염과 같은 문제로 위기에 처하는 경우가 많아진다. 그래서 국가간의 연대와 협력은 앞으로 더 (㉠). 국가가 온난화 문제에 대해 이웃 나라와 연대하고 협력하여 해결하고자 노력한다면 어느 정도 성과를 이룩할 수 있다. 특히, 점점 심각해지는 온난화로 인해 숲의 건조화, 빈번한 산불 발생, 폭우와 홍수 발생과 같은 문제를 (㉡) 한 국가만의 힘으로 될 수 없다. 바로 이웃 나라들과의 국제적인 연대와 협력이 필요한 것이다.

① 중심 문장을 찾으세요.	
② 사용할 어휘를 주변 문장에서 찾으세요.	㉠
	㉡
③ 문법 표현을 찾으세요.	㉠
	㉡
④ 어휘에다가 문법을 적용해서 답안을 쓰세요.	㉠
	㉡

7.
> 대학교에 입학을 위해서 교사는 학생에게 정직하게 학생의 성적을 말해 주어야 한다. 그런데 만일 학생에게 성적을 부풀려서 좋게 말해 준다면 학생은 자신의 위치를 잘못 (㉠). 언론과 사회의 관계도 마찬가지이다. 언론은 사회의 부조리와 잘못된 점을 지적해야 할 의무가 있다. 그래야 사회는 잘못된 점을 고칠 수 있고 긍정적인 미래로 (㉡) 수 있다.

① 중심 문장을 찾으세요.	
② 사용할 어휘를 주변 문장에서 찾으세요.	㉠ ㉡
③ 문법 표현을 찾으세요.	㉠ ㉡
④ 어휘에다가 문법을 적용해서 답안을 쓰세요.	㉠ ㉡

Ⅱ. 단락의 맥락에 맞게 ( )에 알맞은 말 쓰기　93

8.

> 복권 당첨과 같은 행운은 사람에게 정신적 안정과 물질적 부를 선사한다. 이러한 행운을 통해서 사람은 마음이 (㉠) 큰 돈을 만질 수 있기도 하다. 다른 사람들은 이러한 사례를 보고 복권 당첨을 (㉡). 그러나 복권 당첨자에 대한 통계를 확인해 보면 복권 1등으로 당첨되는 사례는 실제로 거의 없다. 따라서 복권은 놀이로서 즐기되 자신의 삶을 영위하기 위해 경제 생활에 매진하는 것이 좋겠다.

① 중심 문장을 찾으세요.	
② 사용할 어휘를 주변 문장에서 찾으세요.	㉠ ㉡
③ 문법 표현을 찾으세요.	㉠ ㉡
④ 어휘에다가 문법을 적용해서 답안을 쓰세요.	㉠ ㉡

9.

> 무엇인가를 잘 하기 위해서는 상반된 두 가지 방법이 있다. (㉠)고 그것에 맞게 과정을 세부적으로 잘라 실행하는 것이다. 다른 하나는 큰 목표를 세우고 커다란 방향을 향해 걷는 것이다. 그런데 세부적인 목표를 세우고 과정을 작게 잘라 실행하는 것이 (㉡) 확률이 높다. 반대로 큰 목표를 향해 나아가는 것은 작은 것을 성취하지 못해 전체를 망칠 여지가 있다. 그러므로 우리는 일을 잘 하기 위해서는 작은 목표와 세부적인 실행이 필요하다.

① 중심 문장을 찾으세요.	
② 사용할 어휘를 주변 문장에서 찾으세요.	㉠ ㉡
③ 문법 표현을 찾으세요.	㉠ ㉡
④ 어휘에다가 문법을 적용해서 답안을 쓰세요.	㉠ ㉡

10.

> 종일 풀지 못한 문제가 있는데, 밤이 되었다면 무엇을 하는 것이 좋을까? 학자들은 즐거운 목욕을 하는 것이 (㉠). 그리스의 수학자 아르키메데스가 목욕을 하면서 진리를 발견한 것이 그 증거이다. 그러나 (㉡)문제로 마냥 목욕만 할 수는 없다. 따라서 기분 좋은 잠을 자면서 무의식중에 정답을 구해보는 것도 좋은 방법이다. 이것도 실패로 끝난다면 의식중에 정답을 다시 구해야 한다.

① 중심 문장을 찾으세요.	
② 사용할 어휘를 주변 문장에서 찾으세요.	㉠ ㉡
③ 문법 표현을 찾으세요.	㉠ ㉡
④ 어휘에다가 문법을 적용해서 답안을 쓰세요.	㉠ ㉡

실전 문제

※ [52] 다음을 읽고 ㉠과 ㉡에 들어갈 말을 각각 쓰시오. (각 10점)

1.
> 살아 있는 물고기를 죽지 않게 먼 곳으로 옮기는 것은 그리 (㉠). 그래서 살아있는 물고기를 먼 곳까지 운반하기 위해서는 어항에 천적 물고기를 넣는다. 그러면 물고기들은 죽지 않고 반대로 활기차게 (㉡). 왜냐하면 적당한 스트레스는 물고기들을 긴장하게 하여 먼 곳까지 살아있게 하기 때문이다.

㉠	
㉡	

2.
> 시계는 어떠한 경우를 막론하고 정확하게 시간을 말해주기에 신뢰할 수 있다. 그런데 만일 시계가 가리키는 시간이 상황마다 다르면 정확한 시간을 알 수 없어 (㉠). 현대인들의 약속 준수도 마찬가지이다. 현대인이라면 사소한 약속도 정확하게 (㉡). 그래야 신뢰할 수 있는 사이가 될 것이다.

㉠	
㉡	

3.
> 만남은 사람들에게 기쁨과 회복을 선사한다. 오랜만에 친구를 만남으로써 사람들은 기분이 (㉠) 종교적인 인물을 만남으로써 삶의 어려움을 극복하기도 한다. 이러한 성과를 보고 사람들은 만남을 바란다. 그러나 적극적으로 친구나 종교적인 인물을 (㉡). 이렇게 적극적인 만남을 주저하는 것은 만남이 주는 성과보다 헤어짐의 슬픔이 크기 때문이다.

㉠	
㉡	

4.
> 업무 보고서를 내야 할 날이 바로 내일일 때 우리의 태도는 보통 두 가지이다. 하나는 밤을 새워서라도 마침내 업무 보고서를 (㉠). 물론 완성도는 떨어질 것이다. 다른 하나는 할 수 없는 핑계를 만들어 업무 보고서 기한을 연장하는 것이다. 우리는 완전한 보고서를 바라기 때문에 이러한 선택을 할 수 있다. 그런데 불완전하나마 보고서를 완성해서 내면 업무를 시작할 확률이 높다. 반면에 업무 보고서를 연장하면 그 업무는 시작조차 (㉡). 그러므로 업무 보고서를 쓴다면 끝까지 완성해서 제출하는 편이 좋다.

㉠	
㉡	

5.
> 　어떤 사람들은 인공 지능의 발전이 인간의 뇌를 퇴화하게 할 것이라고 한다. 초보 수준이었던 인공 지능이 정교화됨에 따라 인간은 생각하기를 인공 지능에게 위임할 것이라는 것이다. 이렇게 생각을 멈춘 인간은 편리함만 추구할 뿐 정치적, 경제적, 문화적 발전은 더 이상 (㉠). 그러나 인공 지능을 부정적으로만 (㉡). 인공 지능을 통해서 인류 사고의 보고인 책들은 손쉽게 정리가 되어 독자들에게 제공될 것이기 때문이다.

㉠	
㉡	

🔍 **다음 풀이 순서를 꼭 기억하세요! 높은 점수를 받을 수 있습니다.**

1. **중심 문장**을 찾으십시오. 그래서 단락의 **전체 내용**을 추측하고 확인하십시오.

   ⬇

2. (   )에 **사용할 어휘**를 찾으십시오. (   ) 앞뒤에 있는 문장에서 어휘를 찾으십시오.

   ⬇

3. (   )에 **알맞은 문법**을 찾으십시오. (   )의 문장과 앞뒤 맥락에서 문법을 찾으십시오.

   ⬇

4. (   )에 **답안을 써서 읽어** 보십시오.

   ⬇

5. 채점자를 위해 답안을 **크고 깨끗하고 정확하게** 쓰십시오.

Ⅲ. 도표와 그래프를 설명하여 쓰기

. . . .

53번 자료를 순서대로 쓰기

[53] 다음은 N에 대한 자료이다. 이 내용을 200~300자의 글로 쓰시오. 단, 글의 제목은 쓰지 마시오. (30점)

53번 문제는 도표, 그래프, 자료를 순서대로 쓰는 문제입니다.

아래 문제 풀이 순서를 반드시 외우고 시험장에 들어가십시오!

1. **조사, 현황, 원인/이유, 전망**의 표현과 순서를 기억하십시오.

2. '**조사했다**'를 조사 표현을 사용해서 쓰십시오.

누구는/어디에서는	무엇을/를	조사하였다.	조사 결과
동물연구소에서는	반려동물의 수 변화를	조사하였다.	조사 결과

3. **현황(1)**을 현황 표현을 사용해서 쓰십시오.

무엇은/는	몇 년에 몇에서	몇 년에는 몇(으)로	몇배 증가하였다.
반려동물의 수는	2000년에 20만 마리에서	2023년에는 50만 마리로	2.5배 증가하였다.

4. **현황(2)**을 현황 표현을 사용해서 쓰십시오.

이는 N이/가 N은/는 몇년에 몇%에서 몇년에는 몇%로 증가하였고 N은/는 몇%에서 몇%로 증가한 반면, N은/는 몇%에서 몇%로 감소하였기 때문이다.
이는 동물별 비율이 개는 2000년에 25%에서 2023년에는 50%로 증가하였고, 고양이는 15%에서 30%로 증가한 반면, 조류는 30%에서 15%로 감소하였기 때문이다.

⬇

5. **원인**을 원인 표현을 사용해서 쓰십시오.

이러한 N은/는	N와/과 N의 증가/감소의	결과로 보인다
이러한 변화는	개와 고양이 선호의 증가의	결과로 보인다

⬇

6. **전망**을 전망 표현을 사용해서 쓰십시오.

몇년에는	N이/가	몇%이/가	될 전망이다
2030년에는	반려동물이	60%가	될 전망이다

Ⅲ. 도표와 그래프를 설명하여 쓰기 103

기출 문제의 경향과 풀이의 분석

기출 문제의 경향

53번의 출제 경향은 어떨까요? 확인해 보겠습니다. **도표의 경향, 쓰기 과정 경향, 조사 표현 경향, 현황 표현 경향, 원인 표현 경향, 전망 표현 경향**의 순서대로 보겠습니다.

1 53번 문제는 그래프나 도표를 보이고, 그것을 정해진 표현으로 설명하는 문제입니다. <도표의 경향1>을 보겠습니다.

(1) 주제는 **대상의 변화**를 말하는 경우가 대다수였습니다. **편의점 매출의 변화, 가구 수의 변화, 온라인 쇼핑 시장의 변화** 등 대다수가 변화를 보여주었습니다. 특별히, 어떤 대상이 시간이 지남에 따라 증가한다는 사실을 보여주었습니다.

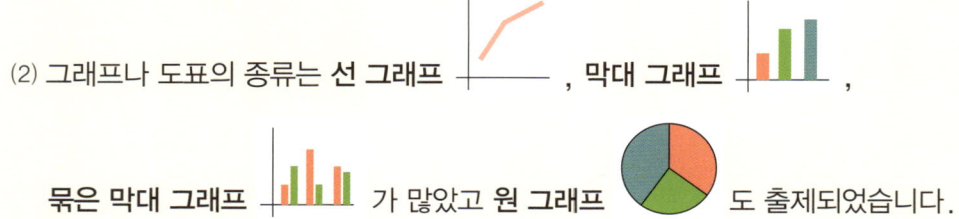

(2) 그래프나 도표의 종류는 **선 그래프**, **막대 그래프**, **묶은 막대 그래프**가 많았고 **원 그래프**도 출제되었습니다.

도표의 경향1

횟수	주제	도표의 내용	그래프/도표의 종류	글의 중심 문장
91	편의점 매출액 변화 **조사 기관: 산업경제연구소**	① 편의점과 대형 마트 매출액 ② 원인 ③ 전망	① 선 그래프	① 편의점 매출액 대폭 증가 ② 대형 마트 소폭 증가
83	인주시의 가구 수 변화 **조사 기관: 인주시 사회연구소**	① 인주시의 가구 수 ② 인원수별 가구의 비율 ③ 원인/전망	① 선 그래프 ② 막대 그래프	① 가구 수 증가 ② 1인, 2~3인 가구 증가, 4인 이상 가구 감소

횟수	주제	도표의 내용	그래프/도표의 종류	글의 중심 문장
64	온라인 쇼핑 시장의 변화	① 전체 매출액 ② 사용 기기에 따른 매출액 ③ 변화 원인	① 막대 그래프	① 전체 매출액 증가
			② 선 그래프	② 컴퓨터보다 스마트폰 매출액 증가
60	인주시의 자전거 이용자 변화	① 자전거 이용자 수 ② 변화 이유 ③ 이용 목적	① 선 그래프	① 이용자 수 증가
			③ 막대 그래프	③ 이용 목적의 증가
52	아이를 꼭 낳아야 하는가 **조사 기관: 결혼문화연구소** **조사 대상: 20대 이상 성인 남녀 3,000명**	① 아이를 꼭 낳아야 하는가 ② '아니다'라고 응답한 이유	① 묶은 막대 그래프	① '그렇다'는 여자보다 남자가 많다. '아니다'는 남자보다 여자가 많다.
47	국내 외국인 유학생 현황	① 유학생 수의 변화 ② 증가 원인 ③ 기대	① 선 그래프	① 유학생 수 증가
41	글쓰기 능력을 향상시키는 방법	① 조사 결과 현황 ② 교사와 학생의 비교	① 묶은 막대 그래프	① 기준에 따라 교사와 학생의 방법이 다르다.
37	대중매체를 어떻게 나눌 수 있는가	① 대중매체의 분류 ② 인쇄매체, 전파매체, 통신매체	① 분류 도표	① 매체별로 종류와 특징이 있다.
36	1인 가구의 증가	① 1인 가구의 현황 ② 1인 가구 증가의 원인	① 현황 도표	① 1인 가구의 증가
			② 원인 도표	② 1인 가구 증가 원인
35	연령대에 따라 필요한 공공시설	① 공공 시설 현황 ② 의견	① 원 그래프	① 연령별로 공공시설에 대한 의견이 다르다.

<도표의 경향2>도 보겠습니다.

(3) 기술 대상의 성격에 따라 **대상의 시간 변화**와 **대상의 비교/분류** 그리고 **대상의 시간 변화/비교**로 세 가지 문제 경향이 출제되었습니다. 대상의 비교/분류에 대한 문제보다 대상의 시간 변화 상황을 기술하는 문제가 더 많이 출제되고 있습니다. 그리고 〈그래프 ①, 그래프 ②, 도표〉처럼 세 가지 내용물을 보고 기술하는 문제가 많이 출제되고 있습니다.

도표의 경향2

기술 대상의 성격	횟수	그래프 ①	그래프 ②	도표
대상의 시간 변화 및 비교	91	시간에 따른 변화 비교		원인, 전망
대상의 시간 변화	83, 64, 60	시간에 따른 변화	구체적인 상황	원인, 이유, 전망
	52, 47, 36	시간에 따른 변화	원인, 이유	
대상의 비교/분류	41, 37, 35	비교/분류 대상		

2 53번 문제와 답안을 통한 쓰기 과정을 살펴보겠습니다.

(1) 53번 문제를 보고 **왼쪽 그래프, 오른쪽 위 그래프, 오른쪽 아래 도표** 순서대로 글을 쓰면 됩니다.

(2) 쓰기 과정은 **조사-현황-원인-전망**으로 이어지고 있음을 알 수 있습니다.

(3) 여기서 가장 중요한 사항은 **연도, 수량의 증가와 감소, 퍼센트, 몇배**인지를 쓸 수 있는 것입니다.

(4) '요약'은 '-조사하였다'라는 말 대신에 **단락의 전체 내용을 말해주는 문장**을 말합니다.

쓰기 과정 경향

횟수	주제	쓰기 과정			
		중심 문장	뒷받침 문장		
91	편의점 매출액 변화	조사	현황(1), 현황(2) 비교	원인	전망
83	인주시의 가구 수 변화	조사	현황(1) 현황(2)	원인	전망
64	온라인 쇼핑 시장의 변화	조사	현황(1) 현황(2)	변화 원인	
60	인주시의 자전거 이용자 변화	조사	현황	변화 이유	이용 목적
52	아이를 꼭 낳아야 하는가	조사	현황	이유	
47	국내 외국인 유학생 현황	요약	현황	증가 원인	기대
41	글쓰기 능력을 향상시키는 방법	조사	현황		
37	대중매체를 어떻게 나눌 수 있는가	요약	현황		
36	1인 가구의 증가	요약	현황	원인	
35	연령대에 따라 필요한 공공시설	조사	현황	의견	

3 53번 기출 문제 답안의 '조사 표현'을 확인해 보겠습니다.

(1) 어휘로는 '**조사하다, 나타나다, 살펴보다, 설문조사, 실시하다, 조사 결과**'와 같은 것들이 있습니다.

(2) **조사 기관이 있으면 'N에서(는)'를 처음에 쓰고, 'N을/를 조사하였다'** 등을 쓰고 시작했습니다.

(3) **조사 기관이 없으면 'N에 대해 조사한 결과'로 시작했습니다.**

조사 표현 경향

횟수	조사 표현	어휘
91	N의 조사에 따르면	조사
83	N을/를 조사하였다. 조사 결과	조사하다, 조사 결과
64	N에 대해 조사한 결과, – N으로 나타났다	나타나다
60	N을/를 살펴보면,	살펴보다
52	'-는가'에 대해 조사하였다. 그 결과	
47	요약	
41	N에 대해 설문조사를 실시하였다. 그 결과	설문조사, 실시하다
37	요약	
36	요약	
35	N에 대한 설문조사를 실시하였다. 조사 결과	설문조사, 실시하다, 조사 결과

4 현황 표현을 확인해 보겠습니다.

(1) 왼쪽 그래프인 첫 번째 그래프를 설명할 때 쓰는 표현입니다.

(2) '몇 년도에 얼마에서 몇 년도에는 얼마로 몇배 증가하였다'라는 표현이 공식처럼 쓰였습니다.

〈예시〉 ① 2010년에 100만 원에서 2015년에는 200만 원으로 2배 증가하였다.

② 2020년에 5만 명에서 2024년에는 20만 명으로 4배 증가하였다.

(3) 어휘인 '증가하다, 변화가 없다, 나타나다, 특히, 도달하다, 불과하다'가 자주 나왔습니다.

현황 표현 경향

횟수	현황 표현	어휘
91	20○○년에 ○○조 ○천억 원이었던 것이 20○○년에 ○○조 ○천억 원으로 큰 변화가 없었다/증가한 것을 알 수 있었다	큰 변화가 없다, 증가한 것을 알 수 있다
83	20○○년에 ○만에서 20○○년에는 ○만으로 ○배 증가하였다	○만에서 ○만으로, ○배, 증가하다
64	20○○년에 ○조 원 20○○년에 ○조 원으로 ○년 만에 크게 증가한 것으로 나타났다	○조 원 ○조 원으로, ○년 만에, 크게, 증가하다, 나타나다
60	20○○년 ○만 명에서 20○○년에는 ○만 명, 20○○년에는 ○○만 명으로 지난 ○년간 약 ○배 증가하였다. 특히 20○○년부터 20○○까지 □□이/가 급증한 것으로 나타났다.	○명에서 ○명으로, ○배, 증가하다, 특히, 20○○년부터 20○○까지, 급증하다
52	남자는 ○○%, 여자는 ○○%였고, 남자는 ○○%, 여자는 ○○%였다.	
47	20○○년에 ○천 명이던 20○○년에 이르러 ○○만 명이 되었다.	20○○년에 이르다,
41	□□의 경우 -아/어야 한다가 ○○%로 높게 나타났지만 □□의 경우에는 -기가 ○○%로 높았다.	□□의 경우, ○○%로 높게 나타나다,
37	□□매체에는 □□매체,□□매체,□□매체이다.	
36	20○○년 수의 ○○%에 불과했던 □□ 가구는 증가하여 20○○년에는 ○○%에 도달했다.	○○%에 불과하다, 증가하다, ○○%에 도달하다
35	□□대의 경우 N이/가 ○○%로 높게 나타났으며 N이/가 ○○%로 그 뒤를 이었다.	□□의 경우, ○○%로 높게 나타나다, ○○%로 그 뒤를 이었다.

현황 표현(2)을 확인해 보겠습니다.

(1) **두 번째 그래프를 설명할 때 쓰는 표현들입니다.**

(2) 어휘인 '**크게/큰 폭으로 증가하다, 소폭 증가하다, -(으)ㄴ 반면**' 등이 쓰이고 있습니다.

현황 표현(2) 경향

횟수	현황(2) 표현	어휘
83	이는 비율이 ○○는 20○○년에 ○○%에서 20○○년에는 ○○%로 크게 증가하였고 ○○는 ○○%에서 ○○%로 증가한 반면, ○○는 ○○%에서 ○○%로 큰 폭으로 감소하였기 때문이다	비율, 크게 증가하다, -(으)ㄴ 반면, 큰 폭으로, 감소하다, -기 때문이다
64	매출액은 □□의 경우 20○○년에 ○○조 원, 20○○년에 ○○조 원으로 소폭 증가한 반면 □□는 20○○년에 ○○조 원, 20○○년에 ○○조 원으로 매출액이 큰 폭으로 증가하였다.	매출액, 소폭 증가하다, -(으)ㄴ 반면, 큰 폭으로, 증가하다

5 원인/이유 표현을 확인해 보겠습니다.

(1) 도표에서 보통 **한글로 원인이나 이유를 명사로 보여줍니다.**

(2) **보여준 명사를 원인/이유 표현에 적용해서 문장을 썼습니다.**

(3) 어휘인 '**이러한 변화, 결과, N(으)로 보이다, -기 때문이다**' 등이 쓰였습니다.

원인/이유 표현 경향

횟수	원인/이유 표현	어휘
91	이렇게 N이/가 크게 증가한 원인은 첫째, -고, 둘째, -기 때문이다	크게 증가한 원인, 첫째, 둘째, -기 때문이다

횟수		어휘
83	이러한 변화는 N와/과 N의 결과로 보인다	이러한 변화, 결과, N(으)로 보이다
64	이와 같이 변화한 원인은 N이/가 가능해졌고 -기 때문이다	이와 같이, 변화한 원인, 가능해지다, -기 때문이다
60	이와 같이 증가한 이유는 -되고 -기 때문인 것으로 보인다	이와 같이, 증가한 이유, -기 때문인 것으로 보이다
52	이유에 대해 □□는 -아/어서, □□는 -아/어서라고 응답한 경우가 많았다	이유, -아/어서, 응답하다
47	이러한 증가의 원인으로 우선 관심이 증가한 것을 들 수 있다. N도 -것으로 보인다	이러한 증가의 원인으로, 증가하다, -(으)ㄴ 것을 들 수 있다, -것으로 보이다
36	이러한 증가의 원인은 다음과 같다. 첫째, -. 둘째, -. 셋째, -.	이러한 증가의 원인

6 전망 표현을 확인해 보겠습니다.

(1) 마지막 문장으로 **전망, 기대** 등을 씁니다.

(2) 어휘인 '**전망이다, 기대되다**'와 같은 단어를 사용했습니다.

전망/기대/이용 목적 표현 경향

횟수	전망/ 기대 / 이용 목적 표현	어휘
91	이런 추세로 볼 때 20○○년에는 N이/가 N을/를 넘어설 것으로 전망된다	추세로 볼 때, 넘어서다, 넘어설 것으로 전망된다
83	20○○년에는 N이/가 ○○% 이상이 될 전망이다	전망이다
60	이용 목적을 보면, ○○년간 N은/는 ○배, N은/는 ○배, N은/는 ○배 늘어난 것으로 나타났으며, N이/가 가장 높은 증가율을 보였다	이용 목적, ○○년간, ○배, 늘어나다, -(으)것으로 나타나다, 가장 높은 증가율을 보이다
47	이러한 영향이 계속 이어진다면 20○○년에는 N이/가 ○○만 명에 이를 것으로 기대된다	이러한 영향, 계속, 이어지다, 이르다, -(으)ㄹ것으로 기대되다

기출 문제 풀이의 분석

53번 문제는 한 단락으로 써야 하는 문제입니다. 그래프와 도표에 대한 자료를 보고 200~300자의 글로 써야 합니다.

제83회 53번 문제를 보겠습니다.

1 53번 문제는 왜 써야 할까요? 이 문제 유형을 통해 그래프와 도표를 객관적인 표현으로 쓸 수 있는 능력을 키울 수 있기 때문입니다.

2 먼저, 쓰기 전에 무엇을 확인해야 할까요? 다음 <쓰기 정리표>를 꼭 써 보십시오.

〈쓰기 정리표〉

자료의 주제	
조사 기관	
그래프 ①의 제목, 연도, 수	
그래프 ②의 제목, 연도, 수	
원인	
전망	
기타	

53. 다음은 '인주시의 가구 수 변화'에 대한 자료이다. 이 내용을 200~300자의 글로 쓰시오. 단, 글의 제목은 쓰지 마시오. (30점)

● 조사 기관: 인주시 사회연구소

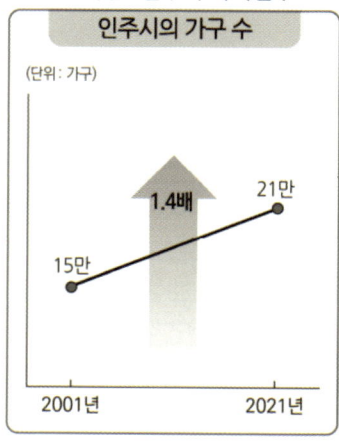

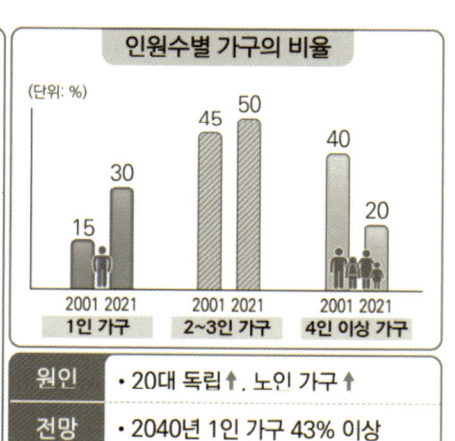

83회 문제를 보고 아래 표에 정리해보겠습니다.

〈쓰기 정리표〉

자료의 주제	인주시의 가구 수 변화
조사 기관	인주시 사회연구소
그래프 ①의 제목, 연도, 수	인주시의 가구 수, 2001년 15만, 2021년 21만, 1.4배, 가구
그래프 ②의 제목, 연도, 수	인원수별 가구의 비율, 2001년, 2021년, **1인 가구**, 15%에서 30%로, **2~3인 가구**, 45%에서 50%로, **4인 가구** 이상, 40%에서 20%로
원인	20대 독립이 증가하다, 노인 가구가 증가하다
전망	2040년 1인 가구가 43% 이상될 것이다
기타	

3 위의 <쓰기 정리표>를 보면서 어휘와 표현에 따라서 글을 써 보겠습니다.

첫 번째 문장

다음의 '조사 표현' 중에서 선택해서 씁니다.

조사 기관이 **있는** 경우	• **어디**에서는 **주제**을/를 조사하였다. 조사 결과 • **어디**에서 **주제**에 대해 조사하였다. 그 결과 • **어디**의 조사에 따르면
조사 기관이 **없는** 경우	• **주제**에 대해 조사한 결과 • **주제**을/를 살펴보면

83회 문제는 조사 기관이 〈인주시 사회연구소〉이고, 주제가 〈인주시의 가구 수 변화〉이니까 다음처럼 쓸 수 있습니다.

> 인주시 사회연구소에서는 인주시의 가구 수 변화를 조사하였다. 조사 결과

두 번째 문장

그래프-①을 쓰기 위해서는 다음의 '현황 표현'을 사용해서 씁니다.

- **그래프 제목**은/는 **첫째 연도**에 수에서 **둘째 연도**에는 수(으)로 (N배) 증가/감소하였다
- **그래프 제목**은/는 **첫째 연도**에 수에서 **둘째 연도**에는 수(으)로 지난 몇년간 (약 N배) 증가/감소하였다
- **그래프 제목**은/는 **첫째 연도**에 수, **둘째 연도**에는 수(으)로 N 년만에 (크게) 증가/감소하였다

그래프-①의 그래프 제목은 〈인주시의 가구 수〉이고, 첫째 연도와 수는 2001년 15만, 둘째 연도와 수는 2021년 21만, 1.4배입니다. 숫자의 단위는 가구입니다. 위의 현황 표현을 적용해 보겠습니다.

- **인주시의 가구 수**는 2001년에 15만 가구에서 2021년에는 21만 가구로 1.4배 증가하였다.
- **인주시의 가구 수**는 2001년에 15만 가구에서 2021년에는 21만 가구로 지난 20년간 1.4배 증가하였다.
- **인주시의 가구 수**는 2001년에 15만 가구, 2021년에는 21만 가구로 20년만에 크게 증가하였다.

우리는 위의 세 가지 문장에서 첫 번째 문장을 선택하겠습니다.

> 인주시의 가구 수는 2001년에 15만 가구에서 2021년에는 21만 가구로 1.4배 증가하였다.

세 번째 문장

그래프-②를 쓰기 위해서는 '현황 표현(2)'을 사용해서 씁니다. 그래프-①보다는 구체적입니다. 퍼센트(%)를 사용하기도 합니다.

- 이는 **그래프 제목**이/가 A은/는 **첫째 연도**에 수%에서 **둘째 연도**에는 수%(으)로 크게 증가/감소하였고 B은/는 수%에서 수%(으)로 증가/감소한 반면, C은/는 수%에서 수%(으)로 큰 폭/소폭으로 증가/감소하였기 때문이다

〈쓰기 정리표〉를 보고 정리하면, 그래프-② 제목이 〈인원수별 가구의 비율〉이고 각 항목이 1인가구, 2~3인 가구, 4인 이상 가구입니다. 이를 각각 적용하면 다음처럼 됩니다.

> 이는 인원수별 가구의 비율이 1인 가구는 2001년에 15%에서 2021년에는 30%로 크게 증가하였고 2~3인 가구는 45%에서 50%로 증가한 반면, 4인 이상 가구는 40%에서 20%로 큰 폭으로 감소하였기 때문이다.

네 번째 문장

원인 문장을 쓰기 위해서 원인 표현을 정리하겠습니다.

- 이렇게 N이/가 크게 증가한 원인은 첫째, -고, 둘째, -기 때문이다
- 이러한 변화는 N와/과 N의 결과로 보인다
- 이와 같이 변화한 원인은 N이/가 -고 -기 때문이다
- 이와 같이 증가한 이유는 -되고 -기 때문인 것으로 보인다
- 이러한 증가의 원인으로 우선 -(으)ㄴ 것을 들 수 있다. N도 -원인으로 보인다
- 이러한 증가의 원인은 다음과 같다. 첫째, - . 둘째, -. 셋째, -.

원인을 〈쓰기 정리표〉에서 보면 화살표가 모두 ⇑이기 때문에 증가라는 사실을 알 수 있습니다.

- 이러한 변화는 독립한 20대와 노인 가구 증가의 결과로 보인다.
- 이와 같이 변화한 원인은 20대의 독립이 증가했고 노인 가구가 증가했기 때문이다.
- 이와 같이 증가한 원인은 20대의 독립이 증가했고 노인 가구가 증가했기 때문인 것으로 보인다.
- 이러한 변화의 원인으로 우선 20대의 독립이 증가한 것을 들 수 있다. 다음으로, 노인 가구의 증가도 그 원인으로 보인다.
- 이러한 변화의 원인은 다음과 같다. 첫째, 독립한 20대가 증가했다. 둘째, 노인 가구도 증가했다.

모두 다 좋으나 우리는 첫 번째 문장을 선택하겠습니다.

> 이러한 변화는 독립한 20대와 노인 가구 증가의 결과로 보인다.

다섯 번째 문장

전망이나 기대의 표현을 먼저 확인해 보겠습니다.

- 이런 추세로 볼 때 20○○년에는 N이/가 N을/를 넘어설 것으로 **전망된다**
- 20○○년에는 N이/가 ○○% 이상이 **될 전망이다**
- 이러한 영향이 계속 이어진다면 20○○년에는 N이/가 ○○만 명에 이를 것으로 **기대된다/보인다/전망된다**

위의 〈쓰기 정리표〉에는 〈2040년 1인 가구가 43% 이상이 될 것이다〉라고 썼습니다. 그럼 위의 전망이나 기대의 표현을 적용하면 다음처럼 되겠습니다.

- 2040년에는 1인 가구가 43% 이상이 될 전망이다.
- 이러한 영향이 계속 이어진다면 2040년에는 1인 가구가 43% 이상이 될 것으로 **전망된다**.
- 이러한 추세로 볼 때 2040년에는 1인 가구가 43%를 넘어설 것으로 전망된다.

위의 세 문장 모두 좋으나 첫 번째 문장을 선택하겠습니다.

> 2040년에는 1인 가구가 43% 이상이 될 전망이다.

정리해서 다시 보겠습니다. 질문과 문장을 같이 읽어 보세요.

		문장
조사	1.	인주시 사회연구소에서는 인주시의 가구 수 변화를 **조사하였다**.
현황	2,3	**조사 결과** 인주시의 가구 수는 2001년에 15만 가구에서 2021년에는 21만 가구로 1.4배 **증가하였다**. 이는 인원수별 가구의 비율이 1인 가구는 2001년에 15%에서 2021년에는 30%로 크게 증가하였고 2~3인 가구는 45%에서 50%로 증가한 **반면**, 4인 이상 가구는 40%에서 20%로 큰 폭으로 **감소하였기 때문이다**.
원인/전망	4.5	**이러한 변화는** 독립한 20대와 노인 가구 증가의 결과로 보인다. 2040년에는 1인 가구가 43% 이상이 **될 전망이다**.

다음을 기억하십시오!

▶ 쓰기 정리표에 그래프와 도표를 정리하십시오.

▶ 조사 – 현황 – 원인 – 전망 표현을 익히고 연습하십시오.

▶ 쓰기 정리표와 표현을 적용하는 연습을 통해 자신감을 가지십시오.

> 연습 문제

(1) 조사와 현황 연습

1. 다음은 '인주시의 쌀 소비량 변화'에 대한 자료이다. 이 내용을 200자의 글로 쓰시오. 단, 글의 제목은 쓰지 마시오.

- 조사 기관: 인주시 농업연구소

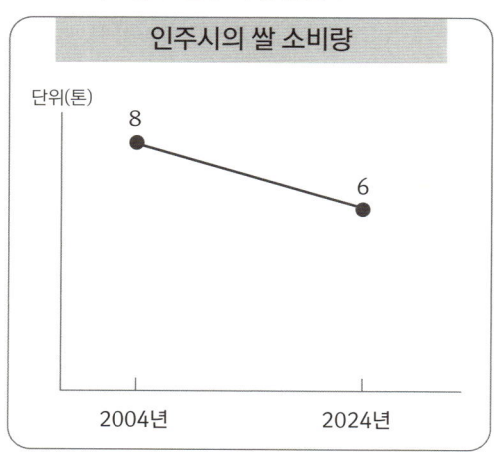
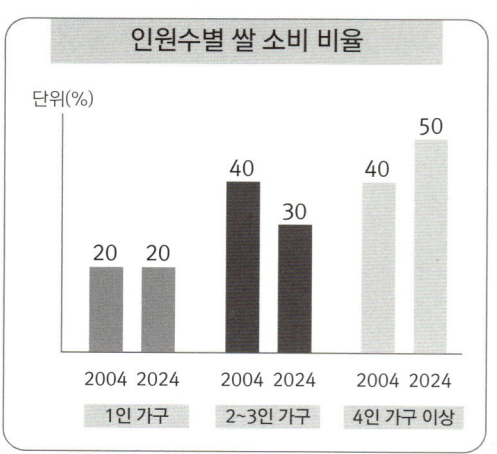

①. 그래프를 보고 아래 표에 정리하십시오.

〈쓰기 정리표〉

자료의 주제	
조사 기관	
그래프 ①의 제목, 연도, 수	
그래프 ②의 제목, 연도, 수	

②. 수사 표현, 현황 표현을 선택하십시오.

〈수사 표현〉

조사 기관이 **있는** 경우	• **어디에서는 주제**을/를 조사하였다. 조사 결과 • **어디에서 주제**에 대해 조사하였다. 그 결과
조사 기관이 **없는** 경우	• **주제**에 대해 조사한 결과 • **주제**을/를 살펴보면

〈현황 표현1〉

- **그래프 제목**은/는 **첫째 연도**에 수에서 **둘째 연도**에는 수(으)로 (N배) 증가/감소하였다
- **그래프 제목**은/는 **첫째 연도**에 수에서 **둘째 연도**에는 수(으)로 지난 N년간 (약 N배) 증가/감소하였다
- **그래프 제목**은/는 **첫째 연도**에 수, **둘째 연도**에는 수(으)로 N 년만에 크게 증가/감소하였다

〈현황 표현2〉

- 이는 **그래프 제목**이/가 A은/는 **첫째 연도**에 수%에서 **둘째 연도**에는 수%(으)로 크게 증가/감소하였고 B은/는 수%에서 수%(으)로 증가/감소한 반면, C은/는 수%에서 수%(으)로 큰 폭/소폭으로 증가/감소하였기 때문이다

③. ①과 ②를 합하여 쓰십시오.

2. 다음은 '반려 동물 양육가구 변화'에 대한 자료이다. 이 내용을 200자의 글로 쓰시오. 단, 글의 제목은 쓰지 마시오.

• 조사 기관: 반려동물 연구소

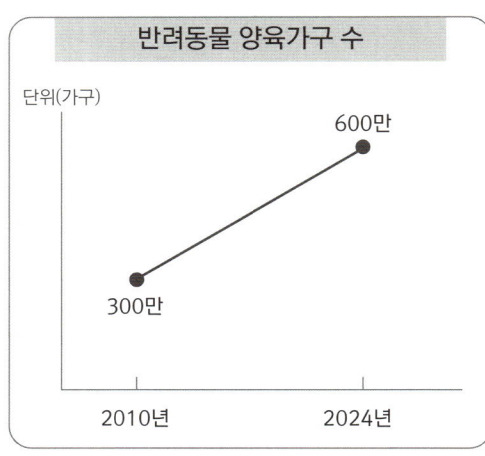
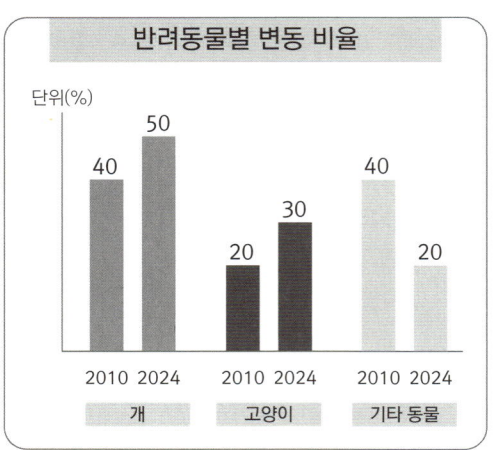

①. 그래프를 보고 아래 표에 정리하십시오.

〈쓰기 정리표〉

자료의 주제	
조사 기관	
그래프 ①의 제목, 연도, 수	
그래프 ②의 제목, 연도, 수	

②. 수사 표현, 현황 표현을 선택하십시오.

〈수사 표현〉

조사 기관이 **있는** 경우	• **어디**에서는 **주제**을/를 조사하였다. 조사 결과 • **어디**에서 **주제**에 대해 조사하였다. 그 결과
조사 기관이 **없는** 경우	• **주제**에 대해 조사한 결과 • **주제**을/를 살펴보면

〈현황 표현1〉

- **그래프 제목**은/는 **첫째 연도**에 수에서 **둘째 연도**에는 수(으)로 (N배) 증가/감소하였다
- **그래프 제목**은/는 **첫째 연도**에 수에서 **둘째 연도**에는 수(으)로 지난 N년간 (약 N배) 증가/감소하였다
- **그래프 제목**은/는 **첫째 연도**에 수, **둘째 연도**에는 수(으)로 N 년만에 크게 증가/감소하였다

〈현황 표현2〉

- 이는 **그래프 제목**이/가 A은/는 **첫째 연도**에 수%에서 **둘째 연도**에는 수%(으)로 크게 증가/감소하였고 B은/는 수%에서 수%(으)로 증가/감소한 반면, C은/는 수%에서 수%(으)로 큰 폭/소폭으로 증가/감소하였기 때문이다

③. ①과 ②를 합하여 쓰십시오.

Ⅲ. 도표와 그래프를 설명하여 쓰기

3. 다음은 '온라인 쇼핑몰 시장의 변화'에 대한 자료이다. 이 내용을 200자의 글로 쓰시오. 단, 글의 제목은 쓰지 마시오.

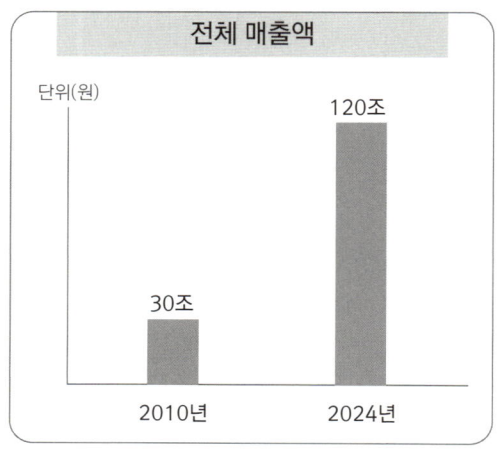
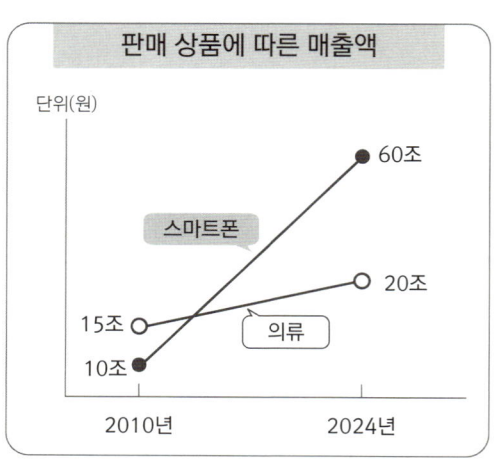

①. 그래프를 보고 아래 표에 정리하십시오.

〈쓰기 정리표〉

자료의 주제	
조사 기관	
그래프 ①의 제목, 연도, 수	
그래프 ②의 제목, 연도, 수	

②. 수사 표현, 현황 표현을 선택하십시오.

〈수사 표현〉

조사 기관이 **있는** 경우	• **어디**에서는 **주제**을/를 조사하였다. 조사 결과 • **어디**에서 **주제**에 대해 조사하였다. 그 결과
조사 기관이 **없는** 경우	• **주제**에 대해 조사한 결과 • **주제**을/를 살펴보면

〈현황 표현1〉

- **그래프 제목**은/는 **첫째 연도**에 수에서 **둘째 연도**에는 수(으)로 (N배) 증가/감소하였다
- **그래프 제목**은/는 **첫째 연도**에 수에서 **둘째 연도**에는 수(으)로 지난 N년간 (약 N배) 증가/감소하였다
- **그래프 제목**은/는 **첫째 연도**에 수, **둘째 연도**에는 수(으)로 N 년만에 크게 증가/감소하였다

〈현황 표현2〉

- 이는 **그래프 제목**이/가 A은/는 **첫째 연도**에 수%에서 **둘째 연도**에는 수%(으)로 크게 증가/감소하였고 B은/는 수%에서 수%(으)로 증가/감소한 반면, C은/는 수%에서 수%(으)로 큰 폭/소폭으로 증가/감소하였기 때문이다

③. ①과 ②를 합하여 쓰십시오.

4. 다음은 '도서 판매 변화'에 대한 자료이다. 이 내용을 200자의 글로 쓰시오. 단, 글의 제목은 쓰지 마시오.

- 조사 기관: 도서 판매 관리위원회

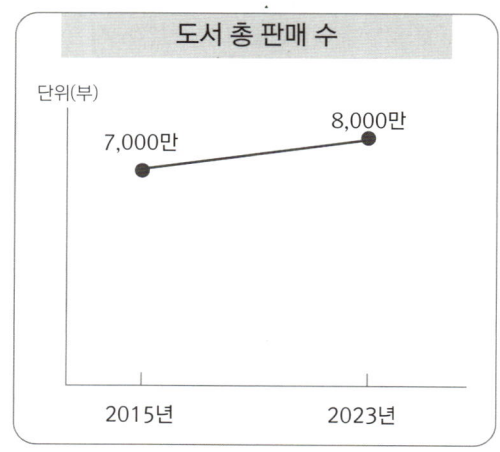

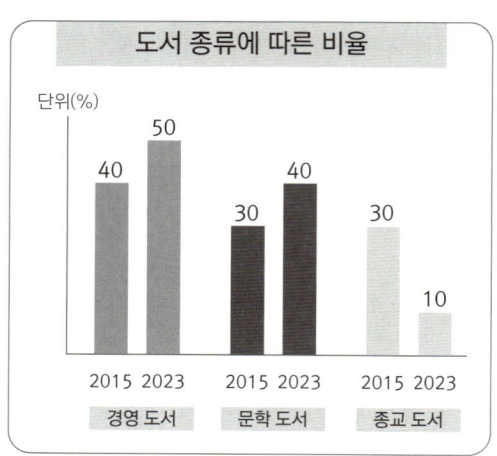

①. 그래프를 보고 아래 표에 정리하십시오.

〈쓰기 정리표〉

자료의 주제	
조사 기관	
그래프 ①의 제목, 연도, 수	
그래프 ②의 제목, 연도, 수	

②. 수사 표현, 현황 표현을 선택하십시오.

〈수사 표현〉

조사 기관이 있는 경우	• 어디에서는 주제을/를 조사하였다. 조사 결과 • 어디에서 주제에 대해 조사하였다. 그 결과
조사 기관이 없는 경우	• 주제에 대해 조사한 결과 • 주제을/를 살펴보면

〈현황 표현1〉

- **그래프 제목**은/는 **첫째 연도**에 수에서 **둘째 연도**에는 수(으)로 (N배) 증가/감소하였다
- **그래프 제목**은/는 **첫째 연도**에 수에서 **둘째 연도**에는 수(으)로 지난 N년간 (약 N배) 증가/감소하였다
- **그래프 제목**은/는 **첫째 연도**에 수, **둘째 연도**에는 수(으)로 N 년만에 크게 증가/감소하였다

〈현황 표현2〉

- 이는 **그래프 제목**이/가 A은/는 **첫째 연도**에 수%에서 **둘째 연도**에는 수%(으)로 크게 증가/감소하였고 B은/는 수%에서 수%(으)로 증가/감소한 반면, C은/는 수%에서 수%(으)로 큰 폭/소폭으로 증가/감소하였기 때문이다

③. ①과 ②를 합하여 쓰십시오.

5. 다음은 '인주시의 전동킥보드 사용자 변화'에 대한 자료이다. 이 내용을 150자의 글로 쓰시오. 단, 글의 제목은 쓰지 마시오.

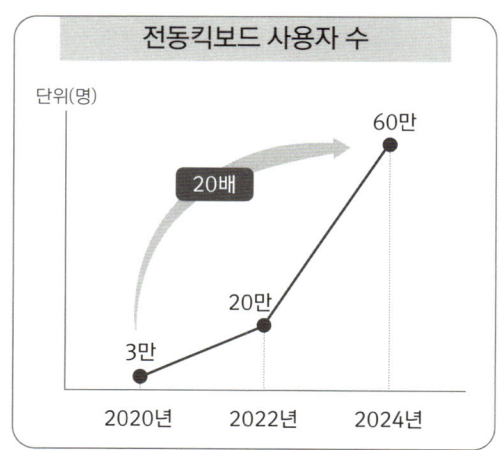

①. 그래프를 보고 아래 표에 정리하십시오.

〈쓰기 정리표〉

자료의 주제	
그래프 ①의 제목, 연도, 수	

②. 수사 표현, 현황 표현을 선택하십시오.

〈수사 표현〉

조사 기관이 **있는** 경우	• **어디**에서는 **주제**을/를 조사하였다. 조사 결과 • **어디**에서 **주제**에 대해 조사하였다. 그 결과
조사 기관이 **없는** 경우	• **주제**에 대해 조사한 결과 • **주제**을/를 살펴보면

<현황 표현1>

- **그래프 제목**은/는 **첫째 연도**에 수에서 **둘째 연도**에는 수(으)로 (N배) 증가/감소하였다
- **그래프 제목**은/는 **첫째 연도**에 수에서 **둘째 연도**에는 수(으)로 지난 N년간 (약 N배) 증가/감소하였다
- **그래프 제목**은/는 **첫째 연도**에 수, **둘째 연도**에는 수(으)로 N 년만에 크게 증가/감소하였다

<현황 표현2>

- 이는 **그래프 제목**이/가 A은/는 **첫째 연도**에 수%에서 **둘째 연도**에는 수%(으)로 크게 증가/감소하였고 B은/는 수%에서 수%(으)로 증가/감소한 반면, C은/는 수%에서 수%(으)로 큰 폭/소폭으로 증가/감소하였기 때문이다

③. ①과 ②를 합하여 쓰십시오.

6. 다음은 '부모의 육아 휴직 변화'에 대한 자료이다. 이 내용을 200자의 글로 쓰시오. 단, 글의 제목은 쓰지 마시오.

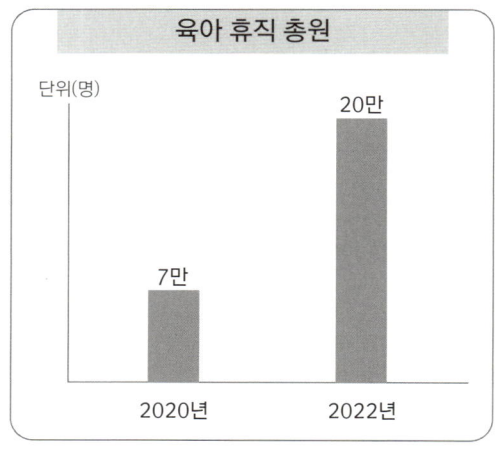
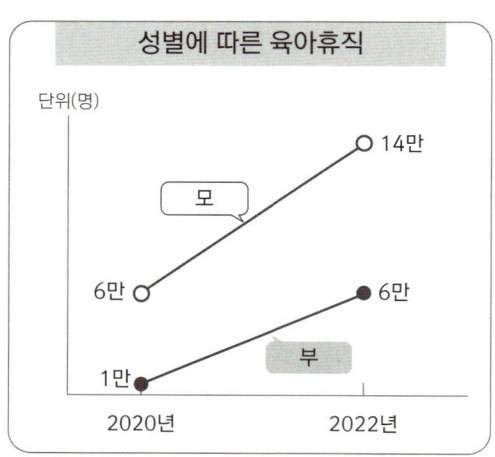

①. 그래프를 보고 아래 표에 정리하십시오.

〈쓰기 정리표〉

자료의 주제	
조사 기관	
그래프 ①의 제목, 연도, 수	
그래프 ②의 제목, 연도, 수	

②. 수사 표현, 현황 표현을 선택하십시오.

〈수사 표현〉

조사 기관이 **있는** 경우	• **어디**에서는 **주제**을/를 조사하였다. 조사 결과 • **어디**에서 **주제**에 대해 조사하였다. 그 결과
조사 기관이 **없는** 경우	• **주제**에 대해 조사한 결과 • **주제**을/를 살펴보면

〈현황 표현1〉

- **그래프 제목**은/는 **첫째 연도**에 수에서 **둘째 연도**에는 수(으)로 (N배) 증가/감소하였다
- **그래프 제목**은/는 **첫째 연도**에 수에서 **둘째 연도**에는 수(으)로 지난 N년간 (약 N배) 증가/감소하였다
- **그래프 제목**은/는 **첫째 연도**에 수, **둘째 연도**에는 수(으)로 N 년만에 크게 증가/감소하였다

〈현황 표현2〉

- 이는 **그래프 제목**이/가 A은/는 **첫째 연도**에 수%에서 **둘째 연도**에는 수%(으)로 크게 증가/감소하였고 B은/는 수%에서 수%(으)로 증가/감소한 반면, C은/는 수%에서 수%(으)로 큰 폭/소폭으로 증가/감소하였기 때문이다

③. ①과 ②를 합하여 쓰십시오.

7. 다음은 '국내 외국인 유학생 현황'에 대한 자료이다. 이 내용을 150자의 글로 쓰시오. 단, 글의 제목은 쓰지 마시오.

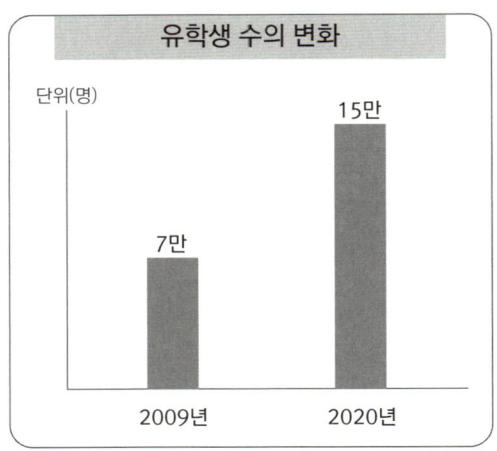

①. 그래프를 보고 아래 표에 정리하십시오.

〈쓰기 정리표〉

자료의 주제	
조사 기관	
그래프 ①의 제목, 연도, 수	

②. 수사 표현, 현황 표현을 선택하십시오.

〈수사 표현〉

조사 기관이 **있는** 경우	• **어디**에서는 **주제**을/를 조사하였다. 조사 결과 • **어디**에서 **주제**에 대해 조사하였다. 그 결과
조사 기관이 **없는** 경우	• **주제**에 대해 조사한 결과 • **주제**을/를 살펴보면

〈현황 표현1〉

- **그래프 제목**은/는 **첫째 연도**에 수에서 **둘째 연도**에는 수(으)로 (N배) 증가/감소하였다
- **그래프 제목**은/는 **첫째 연도**에 수에서 **둘째 연도**에는 수(으)로 지난 N년간 (약 N배) 증가/감소하였다
- **그래프 제목**은/는 **첫째 연도**에 수, **둘째 연도**에는 수(으)로 N 년만에 크게 증가/감소하였다

〈현황 표현2〉

- 이는 **그래프 제목**이/가 A은/는 **첫째 연도**에 수%에서 **둘째 연도**에는 수%(으)로 크게 증가/감소하였고 B은/는 수%에서 수%(으)로 증가/감소한 반면, C은/는 수%에서 수%(으)로 큰 폭/소폭으로 증가/감소하였기 때문이다

③. ①과 ②를 합하여 쓰십시오.

8. 다음은 '일회용품 사용 변화'에 대한 자료이다. 이 내용을 200자의 글로 쓰시오. 단, 글의 제목은 쓰지 마시오.

- 조사 기관: 인주시 사회연구소

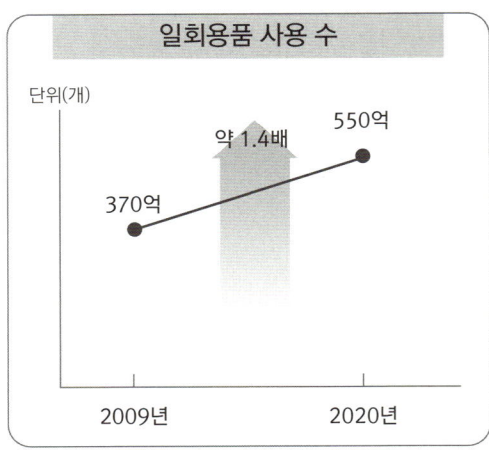
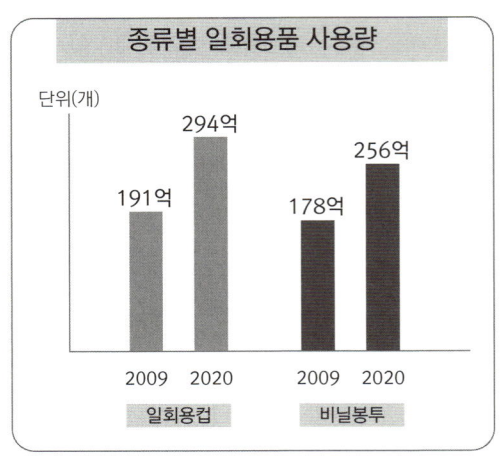

①. 그래프를 보고 아래 표에 정리하십시오.

〈쓰기 정리표〉

자료의 주제	
조사 기관	
그래프 ①의 제목, 연도, 수	
그래프 ②의 제목, 연도, 수	

②. 수사 표현, 현황 표현을 선택하십시오.

〈수사 표현〉

조사 기관이 있는 경우	• 어디에서는 주제을/를 조사하였다. 조사 결과 • 어디에서 주제에 대하 조사하였다. 그 결과
조사 기관이 없는 경우	• 주제에 대해 조사한 결과 • 주제을/를 살펴보면

〈현황 표현1〉

- **그래프 제목**은/는 **첫째 연도**에 수에서 **둘째 연도**에는 수(으)로 (N배) 증가/감소하였다
- **그래프 제목**은/는 **첫째 연도**에 수에서 **둘째 연도**에는 수(으)로 지난 N년간 (약 N배) 증가/감소하였다
- **그래프 제목**은/는 **첫째 연도**에 수, **둘째 연도**에는 수(으)로 N 년만에 크게 증가/감소하였다

〈현황 표현2〉

- 이는 **그래프 제목**이/가 A은/는 **첫째 연도**에 수%에서 **둘째 연도**에는 수%(으)로 크게 증가/감소하였고 B은/는 수%에서 수%(으)로 증가/감소한 반면, C은/는 수%에서 수%(으)로 큰 폭/소폭으로 증가/감소하였기 때문이다

③. ①과 ②를 합하여 쓰십시오.

9. 다음은 '신재생에너지 보급 현황'에 대한 자료이다. 이 내용을 200자의 글로 쓰시오. 단, 글의 제목은 쓰지 마시오.

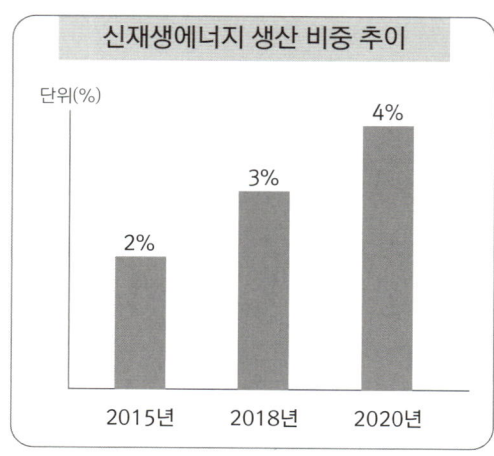
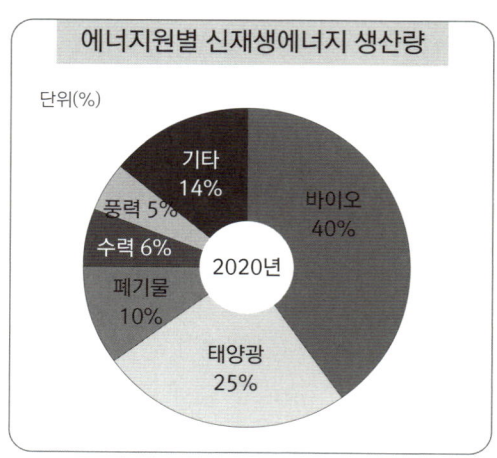

①. 그래프를 보고 아래 표에 정리하십시오.

〈쓰기 정리표〉

자료의 주제	
조사 기관	
그래프 ①의 제목, 연도, 수	
그래프 ②의 제목, 연도, 수	

②. 수사 표현, 현황 표현을 선택하십시오.

〈수사 표현〉

조사 기관이 있는 경우	• 어디에서는 주제을/를 조사하였다. 조사 결과 • 어디에서 주제에 대해 조사하였다. 그 결과
조사 기관이 없는 경우	• 주제에 대해 조사한 결과 • 주제을/를 살펴보면

〈현황 표현1〉

- **그래프 제목**은/는 **첫째 연도**에 수에서 **둘째 연도**에는 수(으)로 (N배) 증가/감소하였다
- **그래프 제목**은/는 **첫째 연도**에 수에서 **둘째 연도**에는 수(으)로 지난 N년간 (약 N배) 증가/감소하였다
- **그래프 제목**은/는 **첫째 연도**에 수, **둘째 연도**에는 수(으)로 N 년만에 크게 증가/감소하였다

〈현황 표현2〉

- 이는 **그래프 제목**이/가 A은/는 **첫째 연도**에 수%에서 **둘째 연도**에는 수%(으)로 크게 증가/감소하였고 B은/는 수%에서 수%(으)로 증가/감소한 반면, C은/는 수%에서 수%(으)로 큰 폭/소폭으로 증가/감소하였기 때문이다

③. ①과 ②를 합하여 쓰십시오.

10. 다음은 '국내 축제 현황'에 대한 자료이다. 이 내용을 200자의 글로 쓰시오. 단, 글의 제목은 쓰지 마시오.

- 조사 기관: 인주시 복지위원회

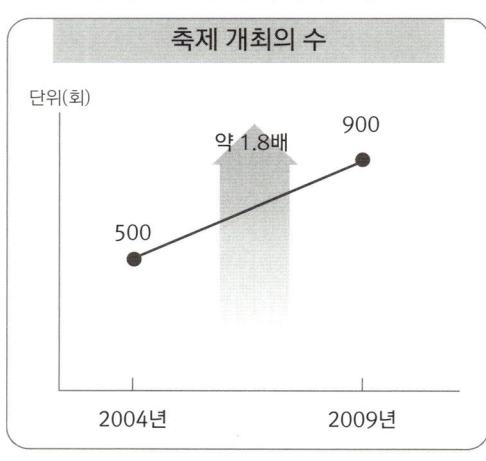
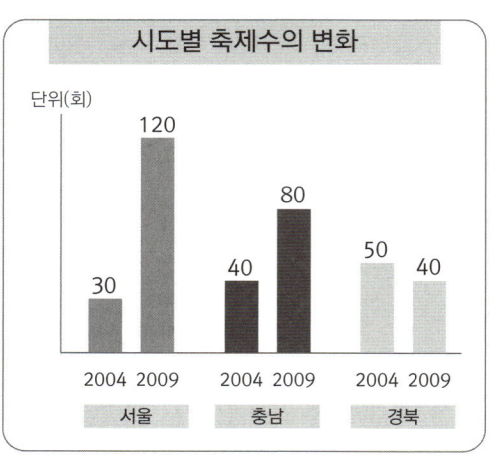

①. 그래프를 보고 아래 표에 정리하십시오.

〈쓰기 정리표〉

자료의 주제	
조사 기관	
그래프 ①의 제목, 연도, 수	
그래프 ②의 제목, 연도, 수	

②. 수사 표현, 현황 표현을 선택하십시오.

〈수사 표현〉

조사 기관이 **있는** 경우	• **어디에서는 주제**을/를 조사하였다. 조사 결과 • **어디에서 주제**에 대해 조사하였다. 그 결과
조사 기관이 **없는** 경우	• **주제**에 대해 조사한 결과 • **주제**을/를 살펴보면

〈현황 표현1〉

- **그래프 제목**은/는 **첫째 연도**에 수에서 **둘째 연도**에는 수(으)로 (N배) 증가/감소하였다
- **그래프 제목**은/는 **첫째 연도**에 수에서 **둘째 연도**에는 수(으)로 지난 N년간 (약 N배) 증가/감소하였다
- **그래프 제목**은/는 **첫째 연도**에 수, **둘째 연도**에는 수(으)로 N 년만에 크게 증가/감소하였다

〈현황 표현2〉

- 이는 **그래프 제목**이/가 A은/는 **첫째 연도**에 수%에서 **둘째 연도**에는 수%(으)로 크게 증가/감소하였고 B은/는 수%에서 수%(으)로 증가/감소한 반면, C은/는 수%에서 수%(으)로 큰 폭/소폭으로 증가/감소하였기 때문이다

③. ①과 ②를 합하여 쓰십시오.

(2) 원인과 전망 연습

다음의 원인/이유 표현, 전망/기대 표현을 보고 문제를 푸십시오.

〈원인/이유 표현〉

- 이러한 변화는 N와/과 N의 결과로 보인다
- 이와 같이 변화한 원인은 N이/가 -고 -기 때문이다
- 이와 같이 증가/감소한 이유는 -되고 -기 때문인 것으로 보인다
- 이러한 증가/감소의 원인으로 우선 -(으)ㄴ 것을 들 수 있다. N도 -원인으로 보인다
- 이러한 증가/감소의 원인은 다음과 같다. 첫째, - . 둘째, -. 셋째, -.
- 이렇게 증가/감소한 원인은 첫째, -고, 둘째, -기 때문이다

〈전망/기대 표현〉

- 20○○년에는 N이/가 ○○% 이상이 **될 전망이다**
- 이러한 영향이 계속 이어진다면 20○○년에는 N이/가 ○○만 명에 이를 것으로 **기대된다/보인다/전망된다**
- 이런 추세로 볼 때 20○○에는 -(으)ㄹ 것으로 전망된다

1. 다음은 '인주시의 쌀 소비량 변화'에 대한 자료이다. 아래의 원인과 전망을 보고 50자 이상의 글로 쓰시오. 단, 글의 제목은 쓰지 마시오.

| 원인 | • 20대와 신혼 부부 쌀 소비량 ⬇ |

| 전망 | • 2040년 쌀 소비량 2024년보다 20% 더 감소 |

이와 같이 쌀 소비량이 감소한 이유는

2. 다음은 '반려 동물 양육가구 변화'에 대한 자료이다. 아래의 원인과 전망을 보고 50자 이상의 글로 쓰시오. 단, 글의 제목은 쓰지 마시오.

| 원인 | • 1인 가구 ⬆, 독거노인 ⬆ |

| 전망 | • 2035년 반려 동물 양육가구 300% 이상 |

반려 동물 양육가구의 이러한 증가의 원인으로

3. 다음은 '온라인 쇼핑몰 시장의 변화'에 대한 자료이다. 아래의 변화 원인을 50자 이상의 글로 쓰시오. 단, 글의 제목은 쓰지 마시오.

| 변화 원인 | • 온라인으로 편리하게 상품 구매 가능 | • 저렴한 가격 | 스마트폰 > 의류 |

이러한 증가의 원인으로

4. 다음은 '도서 판매 변화'에 대한 자료이다. 아래의 원인과 전망을 보고, 50자 이상의 글로 쓰시오. 단, 글의 제목은 쓰지 마시오.

| 원인 | • 성공 소망 20대 ⬆ 종교인 수 ⬇ |

| 전망 | • 2030년 문학 도서 30% 이상 급감 |

도서 판매가 이와 같이 감소한 원인은

5. 다음은 '인주시의 전동킥보드 사용자 변화'에 대한 자료이다. 아래의 변화 이유를 50자의 글로 쓰시오. 단, 글의 제목은 쓰지 마시오.

변화 이유

- 기기 자체가 편리함
- 급할 때 사용할 수 있음.

인주시의 전동킥보드 사용자의 변화 이유는 다음과 같다.

6. 다음은 '부모의 육아 휴직 변화'에 대한 자료이다. 이 내용을 200자의 글로 쓰시오. 단, 글의 제목은 쓰지 마시오.

| 변화 원인 | • 정부의 출산 장려   • 부모의 육아 휴직 급여 수령 증가 |

이러한 증가의 원인으로

7. 다음은 '국내 외국인 유학생 현황'에 대한 자료이다. 이 내용을 150자의 글로 쓰시오. 단, 글의 제목은 쓰지 마시오.

| 증가 원인 | 1. 한국어 • 한국학에 대한 관심
2. 한국 대학 졸업 이후 많아진 성공 사례 |

| 기대 | 외국인 유학생 50만 명
(2030년) |

이러한 증가의 원인으로

8. 다음은 '일회용품 사용 변화'에 대한 자료이다. 이 내용을 200자의 글로 쓰시오. 단, 글의 제목은 쓰지 마시오.

원인	• 배달 음식 시장의 성장 ↑ 일회 용품 규제의 완화 ↑
전망	• 일회용품 사용량 2030년 현재보다 40% 감소

이와 같이 일회용품 사용이 감소한 원인은

9. 다음은 '신재생에너지 보급 현황'에 대한 자료이다. 이 내용을 200자의 글로 쓰시오. 단, 글의 제목은 쓰지 마시오.

변화 원인	• 친환경적이며 지속적으로 사용 가능한 에너지	• 근접 개발성	바이오 > 태양광

이러한 증가의 원인은

10. 다음은 '국내 축제 현황'에 대한 자료이다. 이 내용을 200자의 글로 쓰시오. 단, 글의 제목은 쓰지 마시오.

| 원인 | • 볼거리, 먹을거리 ↑ 체험 요소 ↑ |

| 전망 | • 다양한 축제 개최 증가 |

이와 같이 증가한 원인은

실전 문제

1. 다음은 '국내 기대 수명'에 대한 자료이다. 이 내용을 200~300자의 글로 쓰시오. 단, 글의 제목은 쓰지 마시오.

- 조사 기관: 인구 연구회

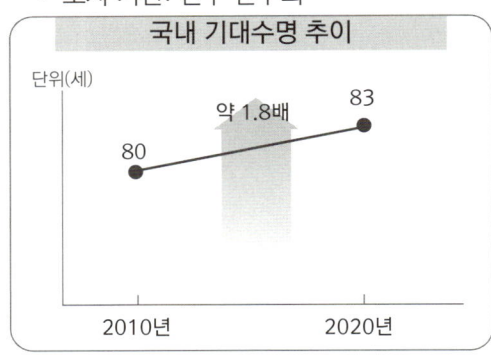

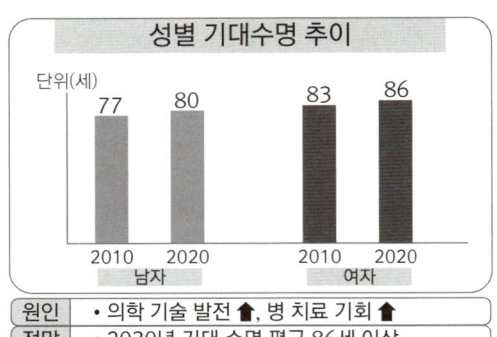

| 원인 | • 의학 기술 발전 ⬆, 병 치료 기회 ⬆ |
| 전망 | • 2030년 기대 수명 평균 86세 이상 |

2. 다음은 '스마트폰 사용 시간 변화'에 대한 자료이다. 이 내용을 200~300자의 글로 쓰시오. 단, 글의 제목은 쓰지 마시오.

- 조사 기관: 한국신문

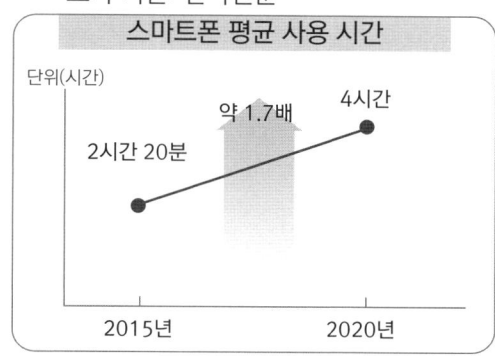

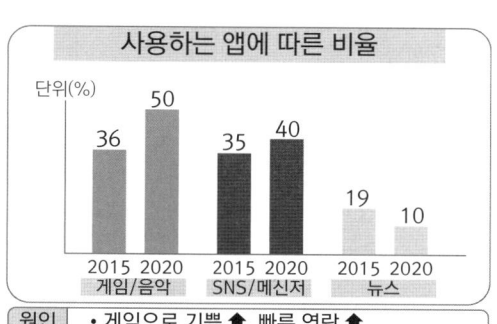

| 원인 | • 게임으로 기쁨 ⬆, 빠른 연락 ⬆ |
| 전망 | • 2035년 스마트폰 생활화 90% 이상 |

3. 다음은 '외국인 유학생 수 변화'에 대한 자료이다. 이 내용을 200~300자의 글로 쓰시오. 단, 글의 제목은 쓰지 마시오.

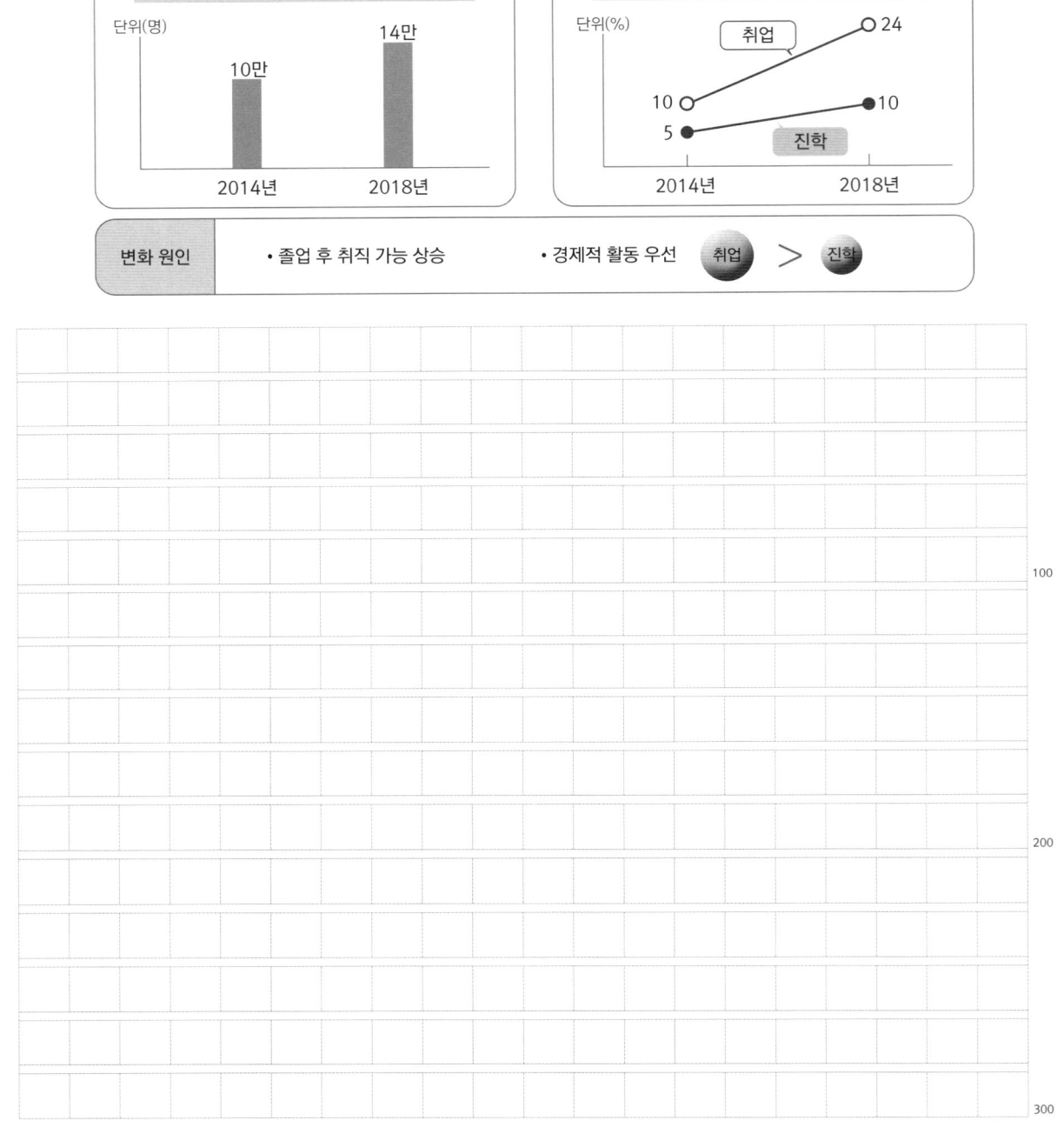

4. 다음은 '인주시의 수영장 이용자 변화'에 대한 자료이다. 이 내용을 200~300자의 글로 쓰시오. 단, 글의 제목은 쓰지 마시오.

변화 이유

- 초등학교 수영 교실 의무화
- 수영장 5곳 개설

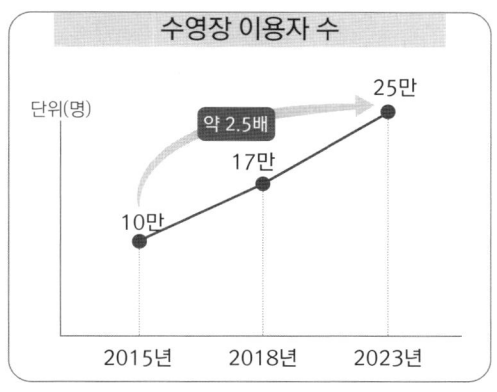

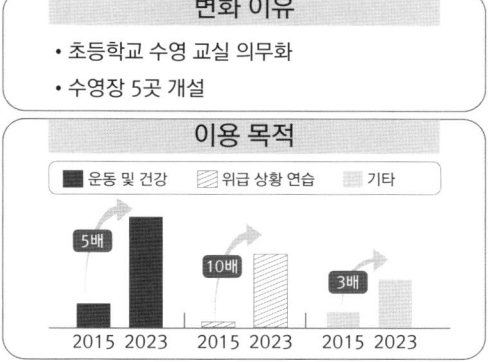

5. 다음은 '인주시의 중고거래 시장의 변화'에 대한 자료이다. 이 내용을 200~300자의 글로 쓰시오. 단, 글의 제목은 쓰지 마시오.

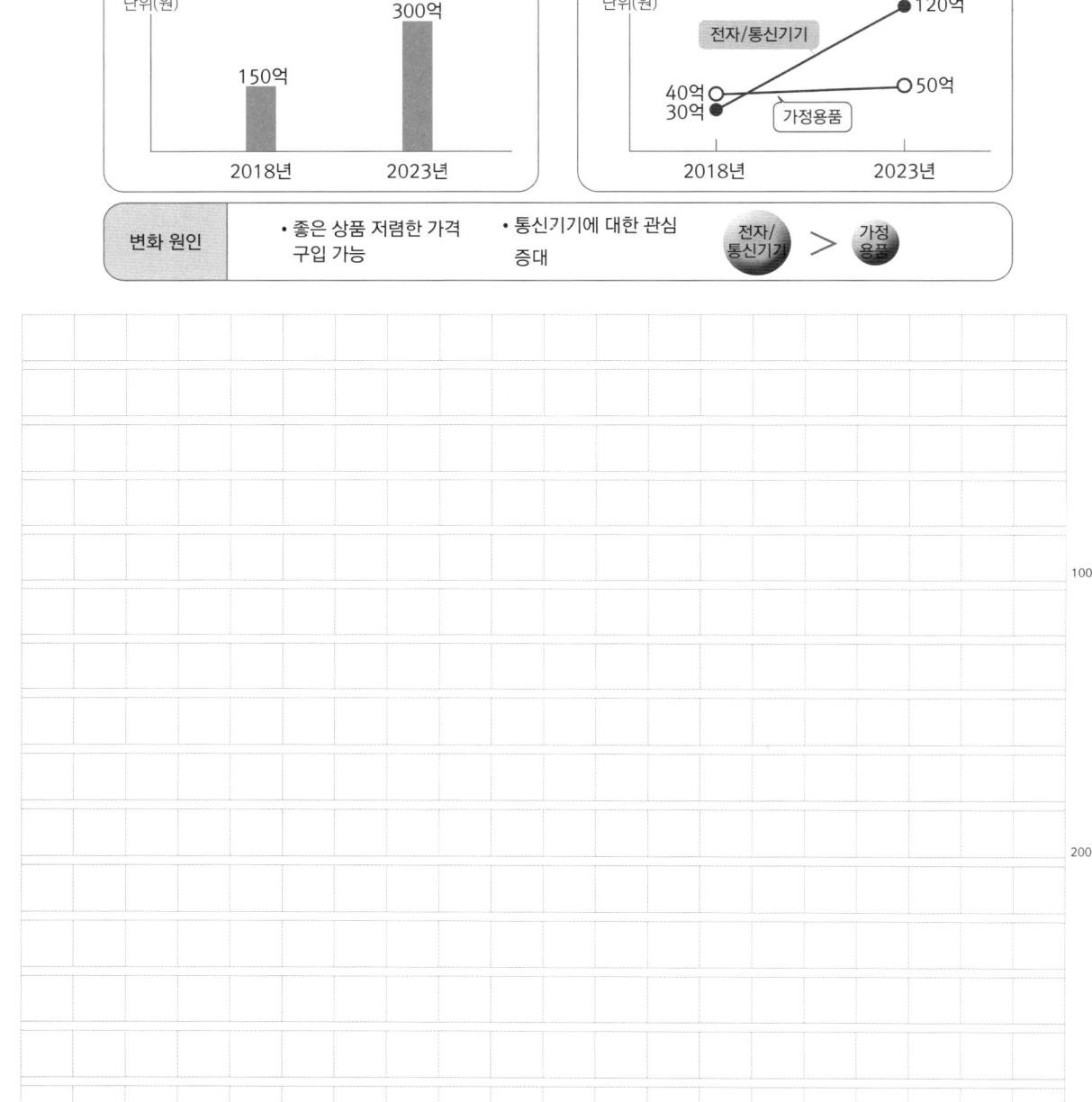

6. **다음은 '인주시의 독거 노인 수 변화'에 대한 자료이다. 이 내용을 200~300자의 글로 쓰시오. 단, 글의 제목은 쓰지 마시오.**

인주시 독거노인 현황

증가 원인	1. 평균 수명 연장 2. 노인 부양 의식 낮아짐
전망	독거 노인 20만명 (2030년)

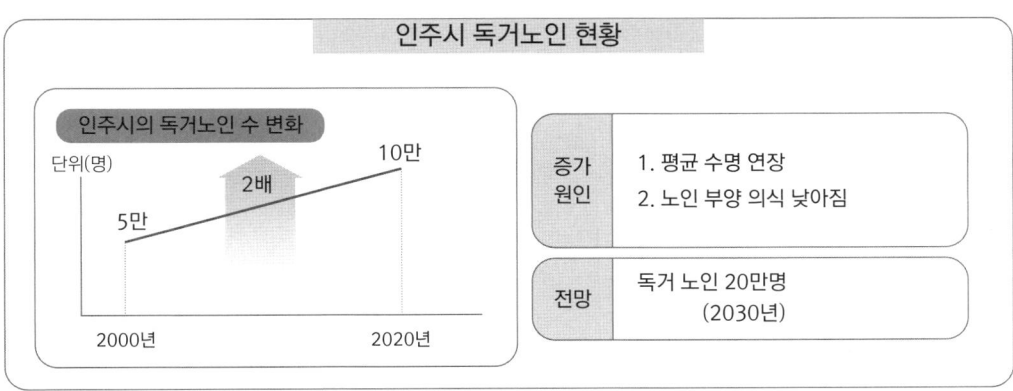

7. 다음은 '인주시 주거 형태 변화'에 대한 자료이다. 이 내용을 200~300자의 글로 쓰시오. 단, 글의 제목은 쓰지 마시오.

- 조사 기관: 인주시 건설연구소

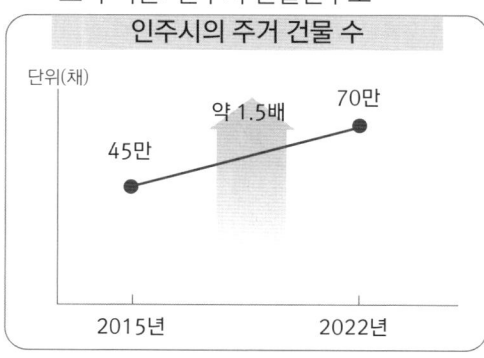

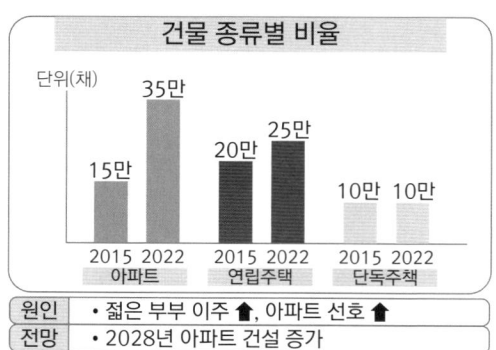

- 원인: 젊은 부부 이주 ↑, 아파트 선호 ↑
- 전망: 2028년 아파트 건설 증가

8. 다음은 '인주시의 운전면허 취득자 추이'에 대한 자료이다. 이 내용을 200~300자의 글로 쓰시오. 단, 글의 제목은 쓰지 마시오.

변화 이유

- 복잡한 대중교통 이용
- 경제적인 자가 운전

100

200

300

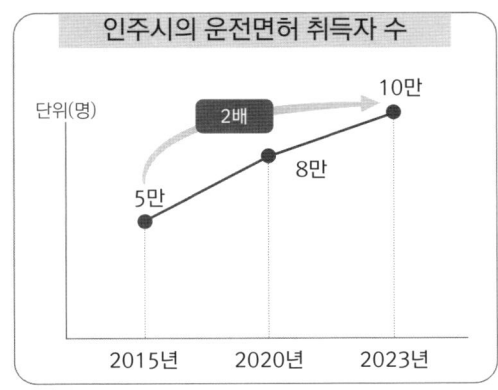

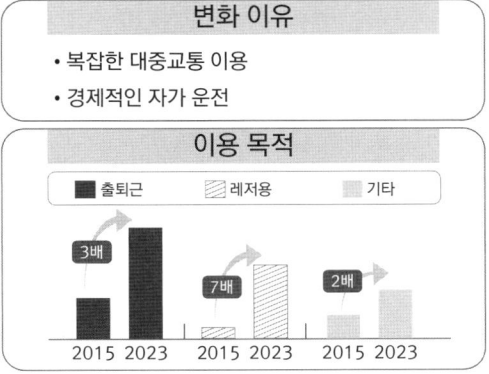

9. 다음은 '인주시 기후 이상 변화'에 대한 자료이다. 이 내용을 200~300자의 글로 쓰시오. 단, 글의 제목은 쓰지 마시오.

• 조사 기관: 인주시 기후연구소

원인	• 지구 온난화 ⬆, 이산화탄소의 사용 ⬆
전망	• 2030년 기후 이상 재해 60% 이상

100

200

300

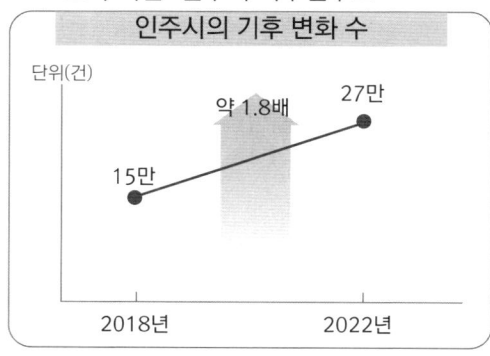

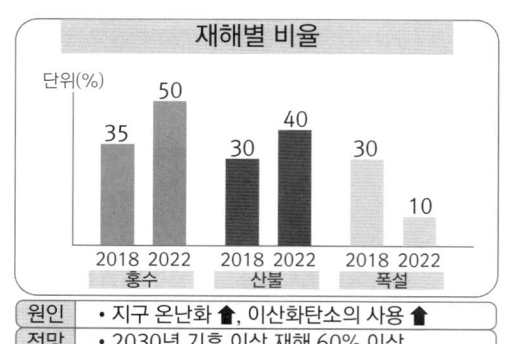

10. **다음은 '인주시 도서관 이용자 변화'에 대한 자료이다. 이 내용을 200~300자의 글로 쓰시오. 단, 글의 제목은 쓰지 마시오.**

- 조사 기관: 인주시 도서관위원회

변화 이유

- 도서관 장서의 증가
- 다양한 문화 행사의 개최

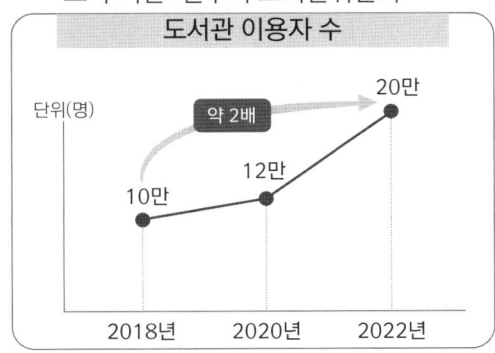

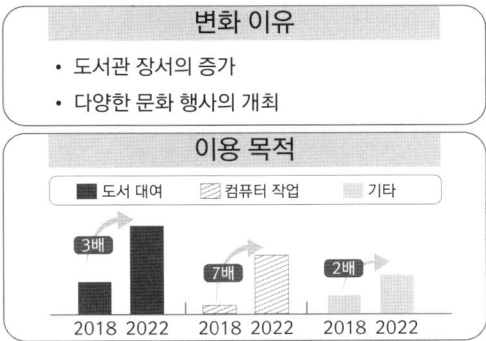

🔍 **다음 순서를 기억하십시오!**

1. 조사, 현황, 원인/이유, 전망의 표현과 순서를 기억하십시오.

⬇

2. '**조사했다**'를 조사 표현을 사용해서 쓰십시오.

누구는/어디에서는	무엇을/를	조사하였다.	조사 결과
동물연구소에서는	반려동물의 수 변화를	조사하였다.	조사 결과

⬇

3. **현황(1)**을 현황 표현을 사용해서 쓰십시오.

무엇은/는	몇 년에 몇에서	몇 년에는 몇(으)로	몇배 증가하였다.
반려동물의 수는	2000년에 20만 마리에서	2023년에는 50만 마리로	2.5배 증가하였다.

⬇

4. **현황(2)**을 현황 표현을 사용해서 쓰십시오.

이는 N이/가 N은/는 몇년에 몇%에서 몇년에는 몇%로 증가하였고 N은/는 몇%에서 몇%로 증가한 반면, N은/는 몇%에서 몇%로 감소하였기 때문이다.
이는 동물별 비율이 개는 2000년에 25%에서 2023년에는 50%로 증가하였고, 고양이는 15%에서 30%로 증가한 반면, 조류는 30%에서 15%로 감소하였기 때문이다.

⬇

5. **원인**을 원인 표현을 사용해서 쓰십시오.

이러한 N은/는	N와/과 N의 증가/감소의	결과로 보인다
이러한 변화는	개와 고양이 선호의 증가의	결과로 보인다

⬇

6. **전망**을 전망 표현을 사용해서 쓰십시오.

몇년에는	N이/가	몇%이/가	될 전망이다
2030년에는	반려동물이	60%가	될 전망이다

IV. 주제 및 질문에 맞게 글쓰기

····

54번 질문에 구체적으로 대답하는 글쓰기

[54] 다음을 참고하여 600~700자로 글을 쓰시오. 단 문제를 그대로 옮겨 쓰지 마시오. (50점)

54번 문제는 주어진 주제와 질문에 맞게 글을 써야 합니다.

1. 문제의 **주제**를 이해하십시오. 문제의 제시글에서 **글의 방향**을 확인하십시오.

   ⬇

2. **무슨 질문**인지 확인하십시오. **이유, 성과, 노력, 장점, 문제점, 의견** 어느 것인가요?

   ⬇

3. **질문의 흐름**을 확인하십시오. **원인-문제-해결**인가요? **이유-성과-노력**인가요? **장점-단점-의견**인가요?

   ⬇

4. **흐름에 맞는 문법 표현**을 익히십시오. **순서, 이유, 성과, 노력, 장점, 문제점, 의견**에 맞는 문법 표현을 쓰십시오.

   ⬇

5. 가능하면, **단락마다 중심문장과 뒷받침문장**으로 쓰도록 하십시오.

   ⬇

6. 각 **단락은 200자-230자**로 쓰도록 하십시오.

⬇

7. 순서 표현인 〈**먼저, 또한, 마지막**〉 등을 단락마다 쓰십시오.

⬇

8. 주제어는 반드시 〈주제어**은/는**〉을 사용하십시오.

⬇

9. 문제의 주제는 **미리 공부하고 익혀서** 쓰십시오.

⬇

10. 각 단락의 **내용은 3개씩** 준비하십시오.

기출 문제의 경향과 풀이의 분석

기출 문제의 경향 – 유형 분류와 분석

점수가 가장 높은 54번 문제의 경향은 어떨까요? 확인해 보겠습니다.

54번 기출 문제의 유형을 분류하고 분석해 보겠습니다.

54번 처음 질문을 기준으로 보면, '**문제-해결 유형**', '**이유 유형**', '**장단점 유형**', '**정의 유형**', '**선택 유형**' 등으로 나눌 수 있습니다.

	1.문제-해결 유형	2. 이유 유형	3. 장단점 유형	4. 정의 유형	5. 선택 유형
쓰기의 질문	A가 생겨나는 사회적 배경/원인은 무엇인가?	A가 필요한 이유는 무엇인가?	A의 장점은 무엇인가?	A는 무엇인가?	A와 B 중에 무엇이 중요한가?
	A로 인해 어떤 문제가 생길 수 있는가?	A를 통해 얻을 수 있는 성과는 무엇인가?	A의 문제점은 무엇인가?	A는 B와 어떤 관계인가?	그 이유는 무엇인가?
	이 문제를 해결하기 위해서 어떤 방안이 필요한가?	A를 얻으려면 어떠한 노력을 해야 하는가?	자신의 의견을 쓰라.	A가 되기 위해 어떤 노력을 해야 하는가?	

1 '문제-해결 유형'

(1) 문제-해결 유형은 **생겨난 문제를 어떤 방안으로 해결할 수 있느냐고 묻습니다.**

(2) 출제되었던 주제는 **가짜 뉴스였습니다.**

(3) 문제-해결 유형에서는 **생겨난 문제의 원인, 그것 때문에 어떠한 안 좋은 일들이 벌어지며, 그것을 해결하기 위해서는 어떤 방안을 실행해야 하는지**를 쓰라고 합니다.

문제-해결 유형의 구체적인 질문을 보겠습니다.

① 가짜 뉴스가 생겨나는 사회적 배경은 무엇인가?

② 가짜 뉴스로 인해 어떤 문제가 생길 수 있는가?

③ 이런 문제들을 해결하기 위해서 어떤 방안이 필요한가?

문제-해결 유형의 흐름을 공개한 문제를 통해 살펴 보겠습니다.

횟수	1단락	-	2단락	-	3단락
91	배경(원인)	-	문제	-	해결 방안

아래 표는 공개한 기출 문제를 주제와 질문을 중심으로 구체적으로 정리해 보았습니다. 확인해 보겠습니다.

횟수	주제	질문
91	가짜 뉴스의 등장이 사회에 미치는 영향	(1) 가짜 뉴스가 생겨나는 사회적 배경은 무엇인가? (2) 가짜 뉴스로 인해 어떤 문제가 생길 수 있는가? (3) 이런 문제들을 해결하기 위해서 어떤 방안이 필요한가?

정리하면 이 유형은 **배경/원인-문제-해결 방안**의 흐름을 가지고 있습니다. 이 흐름에 맞추어서 단락의 내용과 표현을 써야 합니다. 따라서 우리는 **원인 단락, 문제 단락, 해결 방안 단락**을 가지고 **하나씩 그리고 같이 이어서** 연습을 하도록 하겠습니다.

2 '이유 유형'

(1) 이유 유형 문제는 **A가 사람의 삶, 생활, 교육에서 왜 필요하고 중요하냐고** 묻습니다.

(2) 출제되었던 주제는 **창의적인 사고 능력, 바람직한 인간관계, 경쟁, 토론 자세, 예술 교육, 역사, 의사소통, 청소년기, 창의력** 등이었습니다.

(3) 이유 유형 문제에서는 **이 주제들이 사람과 삶, 사회와 교육에 왜 중요한지, 그것을 얻으려면 어떻게 해야 하는지**를 쓰라고 합니다.

이유 유형의 구체적인 질문을 보겠습니다.

① A이/가 필요한/중요한 이유는 무엇인가?
　A은/는 왜 필요한가?

② A을/를 통해 얻을 수 있는 성과는 무엇인가?
　A는 어떤 특징을 보이는가?

③ A을/를 유지할 수 있는 방법은 무엇인가?
　A을/를 돕기 위해 어떤 노력이 필요한가?

이유 유형의 흐름을 공개한 문제를 통해 살펴 보겠습니다.

횟수	1단락	-	2단락	-	3단락
83	이유	-	성과	-	노력
64	이유	-	특징	-	노력
52	이유	-	이유	-	방법
41	이유	-	성과		

아래 표는 공개한 기출 문제를 주제와 질문을 중심으로 구체적으로 정리해 보았습니다. 확인해 보겠습니다.

횟수	주제	질문
83	창의력의 필요성과 이를 기르기 위한 노력	(1) 창의력이 필요한 이유는 무엇인가? (2) 창의력을 발휘했을 때 얻을 수 있는 성과는 무엇인가? (3) 창의력을 기르기 위해서 어떠한 노력을 할 수 있는가?
64	청소년기의 중요성	(1) 청소년기가 중요한 이유는 무엇인가? (2) 청소년들이 이 시기에 주로 어떤 특징을 보이는가? (3) 청소년의 올바른 성장을 돕기 위해 어떤 노력이 필요한가?
52	의사소통의 중요성과 방법	(1) 의사소통이 왜 중요한가? (2) 의사소통이 잘 이루어지지 않는 이유는 무엇인가? (3) 의사소통을 원활하게 하는 방법은 무엇인가?
41	역사	(1) 우리가 왜 역사를 알아야 하는가? (2) 역사를 통해서 무엇을 배우는가?

정리하면 이 유형은 **이유-성과-노력**의 흐름을 가지고 있습니다. 이 흐름에 맞추어서 단락의 내용과 표현을 써야 합니다. 따라서 우리는 **이유 단락, 성과 단락, 노력 단락**을 가지고 **하나씩 그리고 같이 이어서** 연습을 하도록 하겠습니다.

3 '장단점 유형'

(1) 장단점 유형은 A를 대립적인 시각에서 설명해 보라고 합니다.

(2) '**좋은 점/나쁜 점**', '**장점/단점**', '**긍정적인 점/부정적인 점**' 이런 반대의 두 가지 **내용을 대립적**이라고 하는데, 이 유형은 이 두 가지를 쓰라고 합니다.

(3) **칭찬, 조기 교육** 등이 기출문제에 나왔습니다. 그리고 여기에 덧붙여 자신의 방법을 쓰라고 합니다.

아래 질문을 보겠습니다.

① A의 장점은 무엇인가?
　A의 긍정적인 영향은 무엇인가?

② A의 문제점은 무엇인가?
　A의 부정적인 영향은 무엇인가?

③ A의 효과적인 방법은 무엇인가?
　자신의 의견을 쓰라.

이유 유형의 흐름을 공개한 문제를 통해 살펴 보겠습니다.

횟수	1단락	-	2단락	-	3단락
60	장점	-	문제점	-	자기 의견
47	긍정적인 영향	-	부정적인 영향	-	방법

아래 표는 기출문제를 주제와 질문을 중심으로 정리해 보았습니다.

횟수	주제	질문
60	조기 교육의 장점과 문제점	(1) 조기 교육의 **장점**은 무엇인가? (2) 조기 교육의 **문제점**은 무엇인가? (3) 조기 교육에 찬성하는가, 반대하는가? 근거를 들어 **자신의 의견**을 쓰라.
47	칭찬에 대한 자신의 생각	(1) 칭찬이 미치는 **긍정적인 영향**은 무엇입니까? (2) **부정적인 영향**은 무엇입니까? (3) 효과적인 **칭찬의 방법**은 무엇입니까?

이 유형은 **장점-문제점-의견**을 말하고 있습니다. 따라서 **장점 단락, 문제점 단락, 의견 단락**을 연습해 보겠습니다.

4 '정의 유형'

(1) 정의 유형 문제에서 **A는 사람이 성취하거나 마땅히 해야 할 것**입니다. 가장 중요한 질문은 '**A란 무엇인가**'입니다.

(2) **리더십, 성공, 선의의 거짓말, 행복한 삶, 대학의 역할** 등이 그것들입니다.

(3) **이것들을 성취하려면 필요한 것은 무엇이고, 조건은 무엇이며, 우리는 어떠한 노력을 해야하는가**를 질문합니다.

정의 유형의 질문들을 보겠습니다.

① A(이)란 무엇인가?
   A은/는 무엇인가?
   A의 정의는 무엇인가?

② A이/가 되기 위해서 필요한 것은 무엇인가?
   A이/가 되기 위해서 충족되어야 할 조건(요건)은 무엇인가?
   A이/가 되기 위해서 어떠한 노력이 필요한가?

정의 유형의 흐름을 공개한 문제를 통해 살펴 보겠습니다.

횟수	1단락	-	2단락	-	3단락
37	어떤 사람	-	노력		
35	무엇	-	어떠한 관계	-	노력

아래 표는 기출문제를 주제와 질문을 중심으로 정리해 보았습니다.

횟수	주제	질문
37	현대 사회에서 필요한 인재	(1) 현대 사회에서 필요한 인재는 어떤 사람인가? (2) 그러한 인재가 되기 위해서 어떤 노력이 필요한가?
35	경제적 여유와 행복 만족도	(1) 사람들이 생각하는 행복한 삶이란 무엇인가? (2) 경제적 조건과 행복 만족도의 관계는 어떠한가? (3) 행복 만족도를 높이기 위해 어떠한 노력이 필요한가?

종합해 보면 이 유형은 정의 - 상태 - 노력의 흐름입니다. 따라서 정의 단락, 상태 단락 등을 연습해 보겠습니다.

5 '선택 유형'

(1) 선택 유형 문제는 **A와 B중에 무엇이 더 중요한지** 묻습니다. 다시 말해, 글쓴이의 **가치관이 무엇이냐고** 묻습니다.

(2) 자연 보존을 해야 하는지, 자연 개발을 해야하는지, 개인 정보 공개의 선택에 대한 문제 등이 있었습니다.

(3) **왜 그렇게 생각하는지도** 질문합니다.

아래 질문을 보겠습니다.

① A와 B 중에서 무엇이 중요한가?

② 그 이유는 무엇인가?

선택 유형에서는 의견 - 이유의 흐름입니다. 따라서 의견 단락, 이유 단락을 쓰는 연습을 해 보도록 하겠습니다.

6 '기타 유형'

(1) 기타형 문제에서는 **A에 대한 개인적인 경험과 생각**을 쓰라고 합니다.

(2) 고난과 시련, 직업 선택의 조건, 동기에 대해서 이미 출제되었습니다.

아래 표는 기출문제를 주제와 질문을 중심으로 정리해 보았습니다.

횟수	주제	질문
36회	동기가 일에 미치는 영향	(1) 동기는 일의 시작 단계에서 어떤 역할을 합니까? (2) 동기가 일의 결과에 미치는 영향은 무엇입니까?

다음 표로 정리하겠습니다

	문제-해결 유형	이유 유형	정의 유형	장단점 유형	선택 유형
첫 질문	원인/배경?	왜?	무엇?	장점/단점	A와 B 중에 선택
질문의 의도	A로 인해 어떤 문제가 생기가 그 문제를 해결하기 위한 방안은 무엇인가?	A가 사람의 삶, 생활 등에서 왜 필요하고 중요하다고 생각하는가?	성취해야 할 A란 무엇이라고 생각하는가?	A의 장단점을 생각해서 쓸 수 있는가?	A와 B중에 무엇이 더 중요하다고 생각하는가?
출제 주제	가짜 뉴스	창의적인 사고 능력, 바람직한 인간관계, 경쟁, 토론 자세, 예술 교육, 역사, 의사소통, 청소년기, 창의력	리더십, 성공, 선의의 거짓말, 행복한 삶, 대학의 역할	칭찬, 조기 교육	개인 정보 공개/시청자의 알 권리, 자연 보존/자연 개발

앞에서 말한 유형의 흐름을 정리해보겠습니다.

횟수	1단락	-	2단락	-	3단락
91	원인/배경		문제		해결 방안
83	이유	-	성과		노력
64	이유	-	특징	-	노력
52	이유	-	이유	-	방법
41	이유	-	성과		
60	장점	-	문제점	-	자기 의견
54	긍정적인 영향	-	부정적인 영향	-	방법
37	어떤 사람	-	노력		
35	무엇	-	어떤 관계	-	노력

단락	갯수
이유 단락	7개
노력(방법) 단락	6개
성과 단락	2개
장점 단락	2개
문제점 단락	2개
의견 단락	2개
정의 단락	4개
기타 단락	2개

우리는 이유/원인 단락, 노력(방법) 단락, 성과 단락, 장점 단락, 문제점 단락, 의견 단락, 정의 단락 등을 중심으로 여러 단락의 표현을 가지고 연습해 보겠습니다.

※ 여러분이 한국어능력시험 출제자라면 어떠한 문제를 출제하겠습니까? <보기>를 보고 한국어능력시험 쓰기 54번 문제를 만들어 보세요.

<보기>
행복한 삶

	문제-해결 유형	이유 유형	장단점 유형	정의 유형	선택 유형
쓰기 순서	① 우울증이 생겨나는 사회적인 원인은 무엇인가?	① 행복한 삶은 왜 필요한가?	① 행복한 삶의 장점은 무엇인가?	① 행복한 삶은 무엇인가?	① 바쁜 삶과 여유로운 삶 중에 무엇이 중요한가?
	② 우울증으로 인해 어떤 문제가 생길 수 있는가?	② 행복한 삶은 무엇을 통해서 얻을 수 있는가?	② 행복한 삶의 단점(문제점)은 무엇인가?	② 행복한 삶을 이루기 위해 무엇이 필요한가?	② 그 이유는 무엇인가?
	③ 이런 문제들을 해결하기 위해서 어떤 방안이 필요한가?	③ 행복한 삶을 유지하는 방법은 무엇인가?	③ 행복한 삶을 만들기 위해서는 무엇을 해야 하는가?	③ 그 이유는 무엇인가?	③ 행복하게 살기 위해 어떠한 자세가 필요한가?

위 유형의 문제 질문으로 구체적으로 써 보세요.

	문제-해결 유형	이유 유형	장단점 유형	정의 유형	선택 유형
쓰기순서	①	①	①	①	①
	②	②	②	②	②
	③	③	③	③	③

기출 문제 풀이의 분석

54번 문제에 대한 답안을 잘 쓰려면 어떻게 해야 할까요?

출제자가 낸 과제에 충실하게 답안을 작성하면 됩니다.

어떻게 하면 과제에 충실하게 답안을 작성할 수 있을까요?

54번 과제는 지문에서 제시한 **주제어, 내용**을 정확히 이해한 다음, **질문들** 순서에 맞게 대답하면 완성됩니다.

54번 예시 문제를 가지고 **주제어, 내용**을 이해하고 **질문들** 순서에 맞게 어떻게 대답해야 하는지 그 과정을 한번 보도록 하겠습니다.

> **예시** 다음을 참고하여 600~700자로 글을 쓰시오. 단, 문제를 그대로 옮겨 쓰지 마시오. (50점)
>
> > 인공지능은 인간의 지능과 유사한 컴퓨터 시스템이다. 기술혁신이 빠른 현대 사회는 인공지능의 사용이 상용화 수준에 이르렀다. 아래의 내용을 중심으로 '**인공지능의 필요성과 사용 방법**'에 대한 자신의 생각을 쓰라.
> >
> > - 인공지능이 필요한 이유는 무엇인가?
> > - 인공지능을 사용하면 무슨 효과를 얻을 수 있는가?
> > - 인공지능을 효율적으로 사용하기 위한 방법은 무엇인가?

① 54번 쓰기에서 **가장 먼저 해야 할 일**은 문제의 **주제어를 파악**하는 것입니다. **주제어는 중심이 되는 단어입니다.** 문제 지문과 질문들에서 가장 많이 나오는 단어입니다. 예시 문제에서 가장 많이 나오는 단어는 무엇인가요? 그리고 문제 지문에서 주제어를 무엇이라고 하나요?

주제어	인공지능
주제어 의미	인간의 지능과 유사한 컴퓨터 시스템

② 54번 쓰기에서 **두 번째로 해야 할 일**은 문제의 **내용 파악**입니다. **내용은 작은따옴표(' ')로 강조한 부분입니다.**

쓰기 내용	인공지능의 필요성과 사용 방법

③ 54번 쓰기에서 **세 번째로 해야 할 일**은 문제의 **질문들**이 무엇인지 **확인**하는 것입니다.

예시 문제의 질문들은 무엇인가요?

질문들	• 인공지능이 필요한 이유는 무엇인가? • 인공지능을 사용하면 무슨 효과를 얻을 수 있는가? • 인공지능을 효율적으로 사용하기 위한 방법은 무엇인가?

④ 54번 쓰기에서 **네 번째로 해야 할 일**은 문제의 **질문들**을 통해 **출제자**는 무슨 내용과 **표현을 요구하는지** 알아야 합니다.

질문	요구하는 내용	요구하는 표현	
		공통표현	주제어은/는 순서표현 먼저, 또한, 마지막으로
• 인공지능이 필요한 이유는 무엇인가?	이유: 일, 역할 여러 이유를 쓸 것	-(으)ㄴ다/는다 -기 때문이다 -기 위하여	
• 인공지능을 사용하면 무슨 효과를 얻을 수 있는가?	효과: 성과, 긍정적인 결과 여러 분야로 나누어 쓸 것	-(으)면 -(으)ㄹ 수 있다	
• 인공지능을 효율적으로 사용하기 위한 방법은 무엇인가?	방법: 노력, 준비 여러 방법을 쓸 것 부정적인 면도 쓰면서 해결할 수 있을 것이라고 쓸 것	-기 위해서 -아/어야 한다 -기 위해서 N이/가 필요하다	

⑤ 예시 문제를 가지고 쓰기 과정을 보겠습니다.

주제어	인공지능			
주제어 의미	인간의 지능과 유사한 컴퓨터 시스템			
쓰기 내용	인공지능의 필요성과 사용 방법			
질문	인공지능이란 무엇인가	1.인공지능이 필요한 이유는 무엇인가?	2.인공지능을 사용하면 무슨 효과를 얻을 수 있는가?	3.인공지능을 효율적으로 사용하기 위한 방법은 무엇인가?

⬇

| 아이디어 | 인간의 지능과 유사한 컴퓨터 시스템 | 1.인간이 만든 자료를 모아 풍부한 정보를 제공한다.
2.인간이 해결하지 못하는 문제를 정보를 통해 해결한다.
3.시간이 필요한 일들을 짧은 시간에 한다. | 1.의학 분야에서는 불치병을 치료한 예를 가지고 수술하여 완치할 수 있다.
2.교육 분야에서는 가장 빠르면서도 최신의 교육 정보를 제공할 수 있다 | 1.인간의 필요 범위 내에서 인공지능을 제한하여 사용한다.
2.인간이 지향하는 어두운 면을 사용하지 못하게 하는 윤리 교육이 필요하다 |
| 주된 표현 | 공통 표현
주제어은/는
순서 표현
먼저, 또한, 마지막으로 | -(으)ㄴ다/는다
-기 때문이다
-기 위하여 | -(으)면 -(으)ㄹ 수 있다 | -기 위해서 -아/어야 한다
-기 위해서 N이/가 필요하다 |

⬇

글쓰기	중심문장		복잡한 문제를 해결해야하는 현대인에게 인공지능**은** 필요하다.	인공지능을 이용함으로써 두 가지 분야에서 큰 성과를 얻**을 수 있다**.	인공지능을 효율적으로 사용하**기 위해서는** 두 가지 주의 사항**이 필요하다.**
글쓰기	뒷받침문장		먼저, 인공지능은 인간이 만든 자료를 모아서 풍부한 정보를 제공한다. 또한, 인간이 해결하지 못하는 문제를 정보를 통해 해결한다. 마지막으로, 여러 가지 문제를 비교적 짧은 시간에 완수한다.	첫째, 의학분야에서는 불치병을 치료한 예를 가지고 수술하여 완치할 수 있다. 다음으로, 교육 분야에서는 가장 빠르면서도 최신의 교육 정보를 제공할 수 있다.	먼저, 인간의 필요 범위 내에서 인공지능을 제한하여 사용해야 한다. 또한, 인간이 지향하는 어두운 면을 사용하지 못하게 하는 윤리 교육이 필요하다.

⑥ ⑤의 글쓰기에 구체화하기와 단락간의 잇기를 더하였습니다.

구체화하기	단락간의 잇기
풍부한 정보의 분야도 다양해서 각 분야에 도움을 줄 수 있다.	
예를 들면, 암이나 에이즈에 대한 수술 방법을 통계화해서 가장 빠르게 적용할 수 있는 방법을 찾을 수 있다. 현대의 학문과 교육 방법은 빠르게 변화하고 있는데 학생과 수강생이 처해진 상황에 맞게 그 방법을 전수할 수 있게 해 준다.	이와 같이 인간에게 풍부한 정보를 제공하는
이러한 두 가지 주의사항을 두는 것은 인공지능이 인간을 파멸로 몰아가는 방향으로 가면 안 되기 때문이다. 따라서 인공지능을 지혜롭게 선의를 가지고 사용해야 한다.	이렇게 편리한

글쓰기

질문	쓰기
인공지능이 필요한 이유는 무엇인가?	복잡한 문제를 해결해야 하는 현대인에게 인공지능은 필요하다. 먼저, 인공지능은 인간이 만든 자료를 모아서 풍부한 정보를 제공한다. 풍부한 정보의 분야도 다양해서 각 분야에 도움을 줄 수 있다. 또한, 인간이 해결하지 못하는 문제를 정보를 통해 해결하는 역할을 한다. 마지막으로, 여러 가지 문제를 비교적 짧은 시간에 완수한다.
인공지능을 사용하면 무슨 효과를 얻을 수 있는가?	이와 같이 인간에게 풍부한 정보를 제공하는 인공지능을 이용함으로써 두 가지 분야에서 큰 성과를 얻을 수 있다. 첫째, 의학분야에서는 불치병을 치료한 예를 가지고 수술하여 완치할 수 있다. 예를 들면, 암이나 에이즈에 대한 수술 방법을 통계화해서 가장 빠르게 적용할 수 있는 방법을 찾을 수 있다. 다음으로, 교육 분야에서는 가장 빠르면서도 최신의 교육 정보를 제공할 수 있다. 현대의 학문과 교육 방법은 빠르게 변화하고 있는데 학생과 수강생이 처해진 상황에 맞게 그 방법을 전수할 수 있게 해 준다.
인공지능을 효율적으로 사용하기 위한 방법은 무엇인가?	이렇게 편리한 인공지능을 효율적으로 사용하기 위해서는 두 가지 주의 사항이 필요하다. 먼저, 인간의 필요 범위 내에서 인공지능을 제한하여 사용해야 한다. 또한, 인간이 지향하는 어두운 면을 사용하지 못하게 하는 윤리 교육이 필요하다. 이러한 두 가지 주의사항을 두는 것은 인공지능이 인간을 파멸로 몰아가는 방향으로 가면 안 되기 때문이다. 따라서 인공지능을 지혜롭게 선의를 가지고 사용해야 한다.

54번의 주요 유형인 문제-해결 유형, 이유 유형, 그리고 장단점 유형을 살펴보겠습니다.

첫 번째로 '문제-해결 유형'을 살펴보겠습니다. 91회 문제를 보겠습니다.

---

54. 다음을 참고하여 600~700자로 글을 쓰시오. 단, 문제를 그대로 옮겨 쓰지 마시오. (50점)

> 오늘날 우리는 정보 통신 기술의 발달로 누구나 쉽게 정보를 생산하고 대중에게 전달할 수 있다. 그런데 정보의 생산과 유통을 통해 개인과 집단이 이익을 얻을 수도 있게 되면서 사실과 다른 가짜 뉴스가 늘어나고 있다. 아래의 내용을 중심으로 '가짜 뉴스의 등장이 사회에 미치는 영향'에 대한 자신의 생각을 쓰라.

- 가짜 뉴스가 생겨나는 사회적 배경은 무엇인가?
- 가짜 뉴스로 인해 어떤 문제가 생길 수 있는가?
- 이런 문제들을 해결하기 위해서 어떤 방안이 필요한가?

---

① 91회 54번 쓰기 문제의 **주제어를 파악**해 볼까요? 문제에서 가장 많이 나오는 단어는 무엇인가요?

주제어	가짜 뉴스
주제어 의미	사실과 다른 뉴스

② **두 번째로 해야 할 일은 문제의 내용 파악**입니다. 문제의 내용은 무엇인가요?

쓰기 내용	가짜 뉴스의 등장이 사회에 미치는 영향

③ **세 번째로 해야 할 일은 문제의 질문들 파악**입니다. 문제의 질문들은 무엇인가요?

질문들	• 가짜 뉴스가 생겨나는 사회적 배경은 무엇인가? • 가짜 뉴스로 인해 어떤 문제가 생길 수 있는가? • 이런 문제들을 해결하기 위해서 어떤 방안이 필요한가?

④ 54번 쓰기에서 **네 번째로 해야 할 일**은 문제의 **질문들을 통해 출제자는 무슨 내용과 표현을 요구하는지** 알아야 합니다.

질문	요구하는 내용	요구하는 표현	
		공통표현	주제어은/는 순서표현 우선, 또한, 나아가
• 가짜 뉴스가 생겨나는 사회적 배경은 무엇인가?	사회적 배경: 원인 문제 이전에 무엇이 있었는가? 두 세가지 생각할 것	N(으)로 인해 –게 되다	
• 가짜 뉴스로 인해 어떤 문제가 생길 수 있는가?	문제: 부정적인 결과들 두 세가지 생각할 것	N은/는 N(으)로 하여금 –게 한다 N은/는 물론이고-기도 하다 N을/를 확산하고 N을/를 야기하다	
• 이런 문제들을 해결하기 위해서 어떤 방안이 필요한가?	해결 방안: 방법 두 세가지 생각할 것	–기 위해서 우선, –아/어야 한다 –기 위해서 N이/가 필요하다	

⑤ 91회 문제의 쓰기 과정을 보겠습니다. 여기서 아이디어와 글쓰기는 모범답안을 가지고 구성하였습니다.

주제어	가짜 뉴스			
주제어 의미	사실과 다른 뉴스			
쓰기 내용	가짜 뉴스의 등장이 사회에 미치는 영향			
질문	가짜 뉴스란 무엇인가	가짜 뉴스가 생겨나는 사회적 배경은 무엇인가?	가짜 뉴스로 인해 어떤 문제가 생길 수 있는가?	이런 문제들을 해결하기 위해서 어떤 방안이 필요한가?
아이디어	가짜 뉴스란 사실과 다른 뉴스이다.	1. 정보 통신 기술의 발달, 소셜 미디어의 대중화 2. 누구나 정보 생산, 불특정 다수와 공유 3. 경제적 가치 창출 가능해짐	1. 잘못된 지식, 편협한 사고 형성하게 함 2. 이미지 타격, 경제적 피해, 명예 훼손 3. 혐오 확산, 사회적 불안 야기, 사회 구성원들의 통합 방해 4. 정치 및 외교적 문제로 심화될 가능성	1. 제도적으로 가짜 뉴스의 생산과 유통이 불법적 행위 규정, 규제 강화 2. 각종 캠페인, 교육으로 위법성 알림 3. 정보의 진위 판단하는 기술 개발
주된 표현	공통 표현 **주제어**은/는 순서 표현 우선, 또한, 나아가	N(으)로 인해 -게 되다	N은/는 N(으)로 하여금 -게 한다 N은/는 물론이고 -기도 하다 N을/를 확산하고 N을/를 야기하다	-기 위해서 우선, -아/어야 한다 -기 위해서 N이/가 필요하다
글쓰기 / 중심 문장			가짜 뉴스는 정보 수용자로 하여금 잘못된 지식과 선입견, 편협한 사고를 형성하게 한다.	

| 글쓰기 | 뒷받침 문장 | | 정보 통신 기술의 발달과 소셜 미디어의 대중화로 인해 이 시대에는 누구나 쉽게 정보를 생산하고 불특정 다수와 공유할 수 있게 되었다. 이는 정보를 생산하고 유통하는 매체나 신문이나 방송과 같은 전통적 미디어에서 디지털 미디어 플랫폼으로 확장되면서 가능해진 것이다. 나아가 그 과정에서 경제적 가치를 창출하는 것 역시 가능해지면서 다양한 문제가 양산되고 있다. 사람들의 이목을 끌기 위한 가짜 뉴스의 등장도 그 문제 중 하나이다. | 가짜 뉴스의 소재가 되는 개인이나 기업, 단체의 경우 이미지 타격과 경제적 피해는 물론이고 사회적으로 재기가 어려울 정도로 명예가 훼손되기도 한다. 또한 가짜 뉴스는 혐오를 확산하고 사회적 불안을 야기하며 사회 구성원들의 통합을 방해한다. 나아가 정치 및 외교적 문제로 심화될 가능성도 있기 때문에 심각한 사회 문제라 말할 수 있다. | 가짜 뉴스를 근절하기 위해서는 우선 제도적으로 가짜 뉴스의 생산과 유통이 불법적 행위임을 규정하고, 가짜 뉴스 단속을 위한 기구를 만들어 가짜 뉴스가 확산되지 않도록 규제를 강화해야 한다. 또한 각종 캠페인이나 교육을 통해 가짜 뉴스의 위험성과 위법성을 알리는 것 역시 필요하다. 나아가 정보의 진위를 판단하는 기술을 개발해 가짜 뉴스가 정보 수용자에게 전달되는 것을 방지하는 것도 좋은 방법일 것이다. |

글쓰기

질문	쓰기
가짜 뉴스가 생겨나는 사회적 배경은 무엇인가?	정보 통신 기술의 발달과 소셜 미디어의 대중화로 인해 이 시대에는 누구나 쉽게 정보를 생산하고 불특정 다수와 공유할 수 있게 되었다. 이는 정보를 생산하고 유통하는 매체나 신문이나 방송과 같은 전통적 미디어에서 디지털 미디어 플랫폼으로 확장되면서 가능해진 것이다. 나아가 그 과정에서 경제적 가치를 창출하는 것 역시 가능해지면서 다양한 문제가 양산되고 있다. 사람들의 이목을 끌기 위한 가짜 뉴스의 등장도 그 문제 중 하나이다.

가짜 뉴스로 인해 어떤 문제가 생길 수 있는가?	가짜 뉴스는 정보 수용자로 하여금 잘못된 지식과 선입견, 편협한 사고를 형성하게 한다. 가짜 뉴스의 소재가 되는 개인이나 기업, 단체의 경우 이미지 타격과 경제적 피해는 물론이고 사회적으로 재기가 어려울 정도로 명예가 훼손되기도 한다. 또한 가짜 뉴스는 혐오를 확산하고 사회적 불안을 야기하며 사회 구성원들의 통합을 방해한다. 나아가 정치 및 외교적 문제로 심화될 가능성도 있기 때문에 심각한 사회 문제라 말할 수 있다.
이런 문제들을 해결하기 위해서 어떤 방안이 필요한가?	가짜 뉴스를 근절하기 위해서는 우선 제도적으로 가짜 뉴스의 생산과 유통이 불법적 행위임을 규정하고, 가짜 뉴스 단속을 위한 기구를 만들어 가짜 뉴스가 확산되지 않도록 규제를 강화해야 한다. 또한 각종 캠페인이나 교육을 통해 가짜 뉴스의 위험성과 위법성을 알리는 것 역시 필요하다. 나아가 정보의 진위를 판단하는 기술을 개발해 가짜 뉴스가 정보 수용자에게 전달되는 것을 방지하는 것도 좋은 방법일 것이다.

91회 모범답안에서 얻은 여러 표현들을 정리하겠습니다.

순서 표현

	1	2	3
첫 번째 단락			나아가
두 번째 단락		또한	나아가
세 번째 단락	우선	또한	나아가

배경/원인 표현

배경/원인 표현	뒷받침문장	• N(으)로 인해 −(으)ㄹ 수 있게 되었다 • 이는 N(으)로 확장되면서 N이/가 가능해진 것이다 • 나아가 −아/어서 문제가 양산되고 있다/많아지고 있다

문제 표현

문제 표현	중심문장	• N은/는 N(으)로 하여금 N을/를 형성하게 하다/초래하게 하다
	뒷받침문장	• N은/는 물론이고 -기도 한다 • 또한 N은/는 N을/를 확산하고 N을/를 야기하며 N을/를 방해한다. • 나아가 -기 때문에 심각한 사회 문제라 말할 수 있다

해결 방안 표현

해결 방안 표현	뒷받침문장	• V-기 위해서는 우선 제도적으로 -고 -지 않도록 -아/어야 한다 • 또한 N을/를 통해 V-는 것이 필요하다 • 나아가 V-아/어서 V-는 것도 좋은 방법일 것이다

두 번째로 '이유 유형'을 살펴보겠습니다. 83회 문제를 보겠습니다.

54. 다음을 참고하여 600~700자로 글을 쓰시오. 단, 문제를 그대로 옮겨 쓰지 마시오. (50점)

> 창의력은 새로운 것을 생각해 내는 능력이다. 현대 사회는 개인에게 창의력을 더 많이 요구하고 있다. 아래의 내용을 중심으로 '창의력의 필요성과 이를 기르기 위한 노력'에 대한 자신의 생각을 쓰라.
>
> • 창의력이 필요한 이유는 무엇인가?
> • 창의력을 발휘했을 때 얻을 수 있는 성과는 무엇인가?
> • 창의력을 기르기 위해서 어떠한 노력을 할 수 있는가?

① 83회 54번 쓰기 문제의 **주제어를 파악**해 볼까요? 문제에서 가장 많이 나오는 단어는 무엇인가요?

주제어	창의력
주제어 의미	새로운 것을 생각해 내는 능력

② 두 번째로 해야 할 일은 문제의 **내용 파악**입니다. 문제의 내용은 무엇인가요?

쓰기 내용	창의력의 필요성과 이를 기르기 위한 노력

③ 세 번째로 해야 할 일은 문제의 **질문들 파악**입니다. 문제의 질문들은 무엇인가요?

질문들	• 창의력이 필요한 이유는 무엇인가? • 창의력을 발휘했을 때 얻을 수 있는 성과는 무엇인가? • 창의력을 기르기 위해서 어떠한 노력을 할 수 있는가?

④ 54번 쓰기에서 **네 번째로 해야 할 일**은 문제의 **질문들을 통해 출제자는 무슨 내용과 표현을 요구하는지** 알아야 합니다.

질문	요구하는 내용	요구하는 표현	
		공통표현	주제어은/는 순서표현 먼저, 또한, 마지막으로
• 창의력이 필요한 이유는 무엇인가?	이유: 일, 역할 여러 이유를 쓸 것	-(으)ㄴ다/는다 -기 때문이다 -기 위하여	
• 창의력을 발휘했을 때 얻을 수 있는 성과는 무엇인가?	효과: 성과, 긍정적인 결과 여러 분야로 나누어 쓸 것	-(으)면 -(으)ㄹ 수 있다	
• 창의력을 기르기 위해서 어떠한 노력을 할 수 있는가?	방법: 노력, 준비 여러 방법을 쓸 것 부정적인 면도 쓰면서 해결할 수 있을 것이라고 쓸 것	-기 위해서 -아/어야 한다 -기 위해서 N이/가 필요하다	

⑤ 83회 문제의 쓰기 과정을 보겠습니다. 여기서 아이디어와 글쓰기는 모범답안을 가지고 구성하였습니다.

주제어	창의력			
주제어 의미	새로운 것을 생각해 내는 능력			
쓰기 내용	창의력의 필요성과 이를 기르기 위한 노력			
질문	창의력이란 무엇인가	1.창의력이 필요한 이유는 무엇인가? 일, 역할	2.창의력을 발휘했을 때 얻을 수 있는 성과는 무엇인가? 여러 분야	3.창의력을 기르기 위해서 어떠한 노력을 할 수 있는가? 부정적인 면도 고려
아이디어	새로운 것을 생각해 내는 능력	1. 새로운 관점을 가져온다. 2. 창의력은 변화를 시도할 수 있게 돕는다. 3. 창의력은 문제를 해결하는 데에 중요한 역할을 한다.	1. 창의력을 발휘하면 자신의 업무 분야에서 업무 성과를 보일 수 있다. 2. 예술과 문화의 영역에서 새로운 콘텐츠를 만들어 냄으로써 신선한 감동을 줄 수 있다.	1. 독서, 다양한 경험을 통해 사고의 폭을 넓혀야 한다. 2. 새로운 관점으로 문제에 접근하는 태도를 가져야 한다. 3. 새로운 해결 방안이 없는지를 모색하는 노력을 기울여야 한다.
주된 표현	공통 표현 **주제어**은/는 순서 표현 먼저, 또한, 마지막으로	-(으)ㄴ다/는다 -기 때문이다 -기 위하여	-(으)면 -(으)ㄹ 수 있다	-기 위해서 -아/어야 한다 -기 위해서 N이/가 필요하다

글쓰기	중심 문장		현대 사회에서 창의력은 꼭 필요하다.	창의력을 발휘했을 때 우리는 **다양한 성과**를 얻을 수 있다.	
글쓰기	뒷받침 문장		먼저 창의력은 새로운 관점을 가져온다. 또한 우리 사회는 새로운 시도 없이는 발전하기 어려운데 창의력은 기존 사고에 머무르지 않고 변화를 시도할 수 있게 돕는다. 나아가 창의력은 기존의 사고만으로는 해결하기 어려운 문제를 해결하는 데에 중요한 역할을 한다.	창의력을 발휘하면 자신의 업무 분야에서 뛰어난 업무 성과를 보일 수 있다. 또한 예술과 문화의 영역에서 음악이나 영화 등 새로운 콘텐츠를 만들어 냄으로써 사람들에게 신선한 감동을 줄 수도 있다. 뿐만 아니라 획기적인 사고를 바탕으로 삶의 질을 높여주는 새로운 상품이나 기술을 발명하여 사회에 기여할 수 있다.	창의력을 기르기 위해서는 먼저 독서 및 다양한 경험을 통해 사고의 폭을 넓혀야 한다. 또한 눈에 보이는 현상에만 집중하는 것이 아니라 현상 뒤에 숨겨진 원인을 탐색하고 새로운 관점으로 문제에 접근하는 태도를 가져야 한다. 마지막으로 기존의 정답에만 머무르는 것이 아니라 비판적 사고를 바탕으로 새로운 해결 방안이 없는지를 모색하는 노력을 기울여야 한다.

⑥ ⑤의 글쓰기에 구체화하기와 단락간의 잇기를 더하였습니다.

구체화하기	단락간의 잇기
정보가 넘쳐나는 오늘날 새로운 관점이 있으면 차별화된 시각으로 정보를 통합하고 활용할 수 있다.	
	이와 같이 창의력은 새로운 사고를 할 수 있게 하므로

글쓰기

질문	쓰기
창의력이 필요한 이유는 무엇인가?	변화와 발전을 끊임없이 요구하는 현대 사회에서 창의력은 꼭 필요하다. 먼저 창의력은 새로운 관점을 가져온다. 정보가 넘쳐나는 오늘날 새로운 관점이 있으면 차별화된 시각으로 정보를 통합하고 활용할 수 있다. 또한 우리 사회는 새로운 시도 없이는 발전하기 어려운데 창의력은 기존 사고에 머무르지 않고 변화를 시도할 수 있게 돕는다. 나아가 창의력은 기존의 사고만으로는 해결하기 어려운 문제를 해결하는 데에 중요한 역할을 한다.
창의력을 발휘했을 때 얻을 수 있는 성과는 무엇인가?	이와 같이 창의력은 새로운 사고를 할 수 있게 하므로 창의력을 발휘했을 때 우리는 다양한 성과를 얻을 수 있다. 창의력을 발휘하면 자신의 업무 분야에서 뛰어난 업무 성과를 보일 수 있다. 또한 예술과 문화의 영역에서 음악이나 영화 등 새로운 콘텐츠를 만들어 냄으로써 사람들에게 신선한 감동을 줄 수도 있다. 뿐만 아니라 획기적인 사고를 바탕으로 삶의 질을 높여주는 새로운 상품이나 기술을 발명하여 사회에 기여할 수 있다.
창의력을 기르기 위해서 어떠한 노력을 할 수 있는가?	창의력을 기르기 위해서는 먼저 독서 및 다양한 경험을 통해 사고의 폭을 넓혀야 한다. 또한 눈에 보이는 현상에만 집중하는 것이 아니라 현상 뒤에 숨겨진 원인을 탐색하고 새로운 관점으로 문제에 접근하는 태도를 가져야 한다. 마지막으로 기존의 정답에만 머무는 것이 아니라 비판적 사고를 바탕으로 새로운 해결 방안이 없는지를 모색하는 노력을 기울여야 한다.

83회 모범답안에서 얻은 여러 표현들도 정리합니다. 이 표현들이 중요하므로 연습하도록 하겠습니다.

순서 표현

1	2	3
첫째로	둘째로	마지막으로
먼저	또한	나아가
	또한	뿐만 아니라

먼저	또한	마지막으로
먼저	그리고/게다가	아울러
우선	그리고/게다가	마지막으로

이유 표현

이유 표현	중심문장	• V-는 현대 사회에서 N은/는 필요하다.
	뒷받침문장	• 먼저 N은/는 N을/를 가져온다. V-는 오늘날 A,V-으면 V-(으)ㄹ 수 있다. • 또한 A,V-(으)ㄴ데 N은/는 V-(으)ㄹ 수 있게 돕는다. • 나아가 N은/는 V-는 데에 중요한 역할을 한다.

성과 표현

성과 표현 (효과, 결과)	중심문장	• 이와 같이 N은/는 -(으)ㄹ 수 있게 하므로 N을/를 발휘했을 때 다양한 성과를 얻을 수 있다.
	뒷받침문장	• N을/를 발휘하면 -(으)ㄹ 수 있다 • 또한 N에서 N을/를 -(으)ㅁ으로써 N을/를 A,V-(으)ㄹ 수도 있다 • 뿐만 아니라 N을/를 V-아/어서 N에 기여할 수 있다

노력 표현

노력 표현 (준비, 방법)	뒷받침문장	• N을/를 기르기 위해서는 먼저 N을/를 통해 -아/어야 한다 • 또한 -는 것이 아니라 A,V-(으)ㄴ/는 관점으로 V-는 태도를 가져야 한다 • 마지막으로 V-는 것이 아니라 A,V-는지를 모색하는 노력을 기울여야 한다

64회 문제도 살펴 보겠습니다.

54. 다음을 주제로 하여 자신의 생각을 600~700자로 글을 쓰시오. 단, 문제를 그대로 옮겨 쓰지 마시오. (50점)

> 사람은 누구나 청소년기를 거쳐 어른이 된다. 아동에서 어른으로 넘어가는 이 시기에 많은 청소년들은 혼란과 방황을 겪으며 성장한다. 아래의 내용을 중심으로 '청소년기의 중요성'에 대한 자신의 생각을 쓰라.
>
> • 청소년기가 중요한 이유는 무엇인가?
> • 청소년들은 이 시기에 주로 어떤 특징을 보이는가?
> • 청소년의 올바른 성장을 돕기 위해 어떤 노력이 필요한가?

⬇

주제어	청소년기			
주제어 의미	아동에서 어른으로 넘어가는 시기			
쓰기 내용	청소년기의 중요성			
질문	청소년기란 무엇인가	청소년기가 중요한 이유는 무엇인가?	청소년들은 이 시기에 주로 어떤 특징을 보이는가?	청소년의 올바른 성장을 돕기 위해 어떤 노력이 필요한가?

⬇

| 아이디어 | 아동에서 어른으로 넘어가는 시기 혼란과 방황을 겪으며 성장하는 시기 | 1. 자아 정체성은 지속적인 영향을 미친다 2. 사회 구성원이 되기 위해 준비하는 시기이다. | 1. 불안정해지기 쉽다 2. 반항심을 보인다 3. 주변 환경에 영향을 쉽게 받는다 | 1. 가정에서는 정서적인 돕는다 2. 사회에서는 제도적 지원을 통해 돕는다 |

	공통 표현			
주된 표현	**주제어**은/는 순서 표현 먼저, 또한, 마지막으로	-(으)ㄴ다/는다 -기 이기도 하다	-기 쉽다 -는 주된 요인이다	-기 위해서 -아/어야 한다 -기 위해서 N이/가 필요하다 -(으)ㄹ 필요가 있다 N을/를 통해 -(으)ㄹ 있을 것이다

⬇

글쓰기	중심 문장		청소년기는 사람의 생애 중 중요한 시기이다.		청소년이 미래의 인재로 성장하도록 돕기 위해서는 가정과 사회의 다각적인 노력이 필요하다.
글쓰기	뒷받침 문장		청소년기에 형성된 자아 정체성은 전 영역에 지속적인 영향을 미친다. 또한 이 시기는 청소년이 올바른 사회 구성원이 되기 위해 준비하는 시기이기도 하다.	그러나 청소년은 심리적으로 불안정해지기 쉽다. 특히 가치관의 혼란 등은 청소년들이 불안정함을 느끼게 되는 주된 요인이다. 또한 청소년은 자신을 억압하는 어른에 대해 강한 반항심을 보이기도 한다. 뿐만 아니라 청소년은 주변 환경의 영향을 받기 쉽다. 이러한 특성으로 인하여 어떤 청소년은 일탈이나 돌발적인 행동을 한다.	가정에서는 정서적으로 지원할 필요가 있다. 사회에서는 제도적 지원을 통해 청소년의 올바른 성장을 도울 수 있을 것이다.

		↓
• 청소년기가 **중요한 이유**는 무엇인가?	중심문장	청소년기는 자아 정체성을 찾아가는 과도기라는 점에서 사람의 생애 중 중요한 시기이다.
	뒷받침문장	청소년기에 형성된 자아 정체성은 진로나 인간관계뿐 아니라 삶의 전 영역에 지속적인 영향을 미친다. 또한 이 시기는 청소년이 올바른 사회 구성원이 되기 위해 준비하는 시기이기도 하다.
• 청소년들이 이 시기에 주로 **어떤 특징**을 보이는가?	뒷받침문장	그러나 청소년은 아직 자아가 형성되지 않았기 때문에 심리적으로 불안정해지기 쉽다. 특히 가치관의 혼란, 타인의 평가, 또래 집단 내의 압박감 등은 청소년들이 불안정함을 느끼게 되는 주된 요인이다. 또한 청소년은 기존의 제도에 반항하거나 자신을 억압하는 어른에 대해 강한 반항심을 보이기도 한다. 뿐만 아니라 청소년은 아직 옳고 그름의 기준이 정립되지 않았기 때문에 주변 환경의 영향을 받기 쉽다. 이러한 특성으로 인하여 어떤 청소년은 일탈이나 돌발적인 행동을 하며 극단적인 경우 자신과 사회에 해를 끼치는 행동을 하기도 한다.
• 청소년의 올바른 성장을 돕기 위해 어떤 노력이 필요한가?	중심문장	청소년이 건강하게 청소년기를 보내고 미래의 인재로 성장하도록 돕기 위해서는 가정과 사회의 다각적인 노력이 필요하다.
	뒷받침문장	가정에서는 청소년의 특성을 성장을 위한 하나의 과정으로 이해하고 청소년이 건강한 자아 정체성을 형성할 수 있도록 정서적으로 지원할 필요가 있다. 사회에서는 청소년 심리 상담 센터나 방황하는 청소년을 위한 위탁 시설을 운영하는 등의 제도적 지원을 통해 청소년의 올바른 성장을 도울 수 있을 것이다.

64회 표현 정리

> 이유 표현

이유 표현	중심문장	• N은/는 A,V-다는/N(이)라는 점에서(이유)중요하다(주장)
	뒷받침문장	• N은/는 N**뿐 아니라** • **또한** N은/는 N(이)기도 하다

특징 표현

특징 표현	뒷받침문장	• 그러나 N은/는 **-기 때문에**(이유) -기가 쉽다/어렵다(주장) • 특히 N 등은 -게 되는 주된 요인이다 • **또한** V-기도 한다 • **뿐만 아니라** N은/는 -기 때문에(이유) -기 쉽다/어렵다(주장) • 이러한 특성으로 인하여 N은/는 N을/를 하며 N을/를 하기도 한다

노력 표현

노력 표현	중심문장	• V-도록 돕기 위해서는 N와/과 N의 **다각적인 노력이 필요하다**
	뒷받침문장	• N에서는 V-고 V-(으)ㄹ 수 있도록 V-(으)ㄹ 필요가 있다. • N에서는 V-는 등의 N을/를 통해 V-(으)ㄹ 수 있을 것이다

세 번째로 '장단점 유형'을 보겠습니다. 60회 54번을 보겠습니다.

54. 다음을 주제로 하여 자신의 생각을 600~700자로 글을 쓰시오. 단, 문제를 그대로 옮겨 쓰지 마시오. (50점)

> 요즘은 아이가 학교에 들어가기 전 어릴 때부터 악기나 외국어 등 여러 가지를 교육하는 경우가 많다. 이러한 조기 교육은 좋은 점도 있지만 문제점도 있다. 아래의 내용을 중심으로 '조기 교육의 장점과 문제점'에 대해 자신의 의견을 쓰라.
>
> • 조기 교육의 장점은 무엇인가?
> • 조기 교육의 문제점은 무엇인가?
> • 조기 교육에 찬성하는가, 반대하는가? 근거를 들어 자신의 의견을 쓰라.

① 54번 쓰기에서 **가장 먼저 해야 할 일인 문제의 주제어를 파악해 보세요**. 질문에서 가장 많이 나오는 단어는 무엇인가요? 주제어 의미도 확인해 주세요.

주제어	조기 교육
주제어 의미	아이가 학교에 들어가기 전 어릴 때부터 악기나 외국어 등 여러 가지를 교육하는 경우

② 두 번째로 해야 할 일은 문제의 **내용** 파악입니다. 문제의 내용은 무엇인가요?

쓰기 내용	조기 교육의 장점과 문제점

③ 세 번째로 해야 할 일은 문제의 **질문들** 파악입니다. 문제의 질문들은 무엇인가요?

질문들	• 조기 교육의 장점은 무엇인가? • 조기 교육의 문제점은 무엇인가? • 조기 교육에 찬성하는가, 반대하는가? 근거를 들어 자신의 의견을 쓰라.

④ 54번 쓰기에서 **네 번째**로 해야 할 일은 문제의 **질문들**을 통해 출제자는 무슨 내용과 표현을 요구하는지 알아야 합니다.

질문	요구하는 내용	요구하는 표현	
		공통표현	주제어은/는 순서표현 먼저, 또한, 마지막으로
• 조기 교육의 장점은 무엇인가?	장점		N의 큰 장점은 –(으)ㄹ 수 있다는 것이다 또 다른 N의 장점은 –다는 점이다 N은/는 –는데 도움이 된다
• 조기 교육의 문제점은 무엇인가?	문제점		그러나 N은/는 –다는 문제점이 있다. 이로 인해 –(으)ㄹ 수 있다 N에 부정적인 영향을 미칠 수 있다.
• 조기 교육에 찬성하는가, 반대하는가? 근거를 들어 자신의 의견을 쓰라.	의견		– 이유로 찬성한다/반대한다 N을/를 하는 것이 적절하지 않다 –기 때문이다 이러한 이유로 N을/를 실시하는 것에 반대한다

⑤ 문제를 가지고 쓰기 과정을 보겠습니다.

주제어	조기 교육			
주제어 의미	아이가 학교에 들어가기 전 어릴 때부터 악기나 외국어 등 여러 가지를 교육하는 경우			
쓰기 내용	조기 교육의 장점과 문제점			
질문	조기 교육이란 무엇인가	1. 조기 교육의 장점은 무엇인가?	2. 조기 교육의 문제점은 무엇인가?	3. 조기 교육에 찬성하는가, 반대하는가? 근거를 들어 자신의 의견을 쓰라.

⬇

아이디어	아이가 학교에 들어가기 전 어릴 때부터 악기나 외국어 등 여러 가지를 교육하는 경우	1. 아이의 재능을 발견할 수 있다. 2. 학업 경쟁력을 높일 수 있다. 3. 세계관을 넓힐 수 있다.	1. 부모의 강요로 스트레스를 받는다. 2. 정서발달에 안 좋다.	
주된 표현	공통 표현 **주제어**은/는 순서 표현 먼저, 또한, 마지막으로	N의 큰 장점은 -(으)ㄹ수 있다는 것이다 또 다른 N의 장점은 -다는 점이다 N은/는 -는데 도움이 된다	그러나 N은/는 -다는 문제점이 있다. 이로 인해 -(으)ㄹ 수 있다 N에 부정적인 영향을 미칠 수 있다.	N을/를 하는 것이 적절하지 않다 -기 때문이다 이러한 이유로 N을/를 실시하는 것에 반대한다

		↓		
글쓰기	중심문장	(도입문장)요즘은 학교에 들어가지 않은 아이들에게 다양한 교육을 실시하는 경우가 많다. 어릴 때부터 이루어지는 조기 교육은 좋은 점도 있지만 문제점도 있다.		조기 교육의 장점에도 불구하고 위의 문제점을 고려하였을 때 조기 교육을 실시하는 것이 적절하지 않다고 생각한다.
	뒷받침문장	먼저 조기 교육의 큰 장점은 아이의 재능을 일찍 발견하고 아이가 가진 잠재력을 극대화할 수 있다는 것이다. 또 다른 조기 교육의 장점은 아이의 학업 경쟁력을 높일 수 있다는 점이다. 이 외에도 조기 교육에서의 다양한 경험은 아이의 세계관을 넓히는 데 도움이 된다.	조기 교육은 부모의 강요에 의해 이루어질 수 있다는 문제점이 있다. 이로 인해 아이는 스트레스를 받거나, 억압적인 학습 경험의 반발로 학업에 흥미를 느끼지 못할 수 있다. 또한 조기 교육이 과도하게 이루어질 경우, 아이들의 정서 발달에 부정적인 영향을 미칠 수 있다.	진정한 교육이란 학습자의 자발성과 내적 동기를 전제로 이루어진다고 생각하기 때문이다. 아이는 발달 줄에 있고 경험이 적기 때문에 자신이 무엇을 배우고 싶은지 명확히 인지하지 못할 가능성이 크다. 이는 아이의 동기보다 보호자의 바람이 조기 교육에 더 큰 영향을 미치게 되는 이유이기도 하다. 이러한 이유로 조기 교육을 실시하는 것에 반대한다.

⑥ ⑤의 글쓰기에 구체화하기와 단락간의 잇기를 더하였습니다.

구체화하기	단락간의 잇기
예를 들어 예체능계의 유명인 중에는 어릴 때부터 체계적인 교육을 받은 경우가 많다.	
	그러나

⬇

글쓰기

조기 교육의 장점은 무엇인가?	중심문장	요즘은 학교에 들어가지 않은 아이들에게 다양한 교육을 실시하는 경우가 많다. 어릴 때부터 이루어지는 조기 교육은 좋은 점도 있지만 문제점도 있다.
	뒷받침문장	먼저 조기 교육의 큰 장점은 아이의 재능을 일찍 발견하고 아이가 가진 잠재력을 극대화할 수 있다는 것이다. 예를 들어 예체능계의 유명인 중에는 어릴 때부터 체계적인 교육을 받은 경우가 많다. 또 다른 조기 교육의 장점은 아이의 학업 경쟁력을 높일 수 있다는 점이다. 이 외에도 조기 교육에서의 다양한 경험은 아이의 세계관을 넓히는 데 도움이 된다.
조기 교육의 문제점은 무엇인가?	뒷받침문장	그러나 조기 교육은 부모의 강요에 의해 이루어질 수 있다는 문제점이 있다. 이로 인해 아이는 스트레스를 받거나, 억압적인 학습 경험의 반발로 학업에 흥미를 느끼지 못할 수 있다. 또한 조기 교육이 과도하게 이루어질 경우, 아이들의 정서 발달에 부정적인 영향을 미칠 수 있다.
조기 교육에 찬성하는가, 반대하는가? 근거를 들어 자신의 의견을 쓰라.	중심문장	조기 교육의 장점에도 불구하고 위의 문제점을 고려하였을 때 조기 교육을 실시하는 것이 적절하지 않다고 생각한다.
	뒷받침문장	진정한 교육이란 학습자의 자발성과 내적 동기를 전제로 이루어진다고 생각하기 때문이다. 아이는 발달 중에 있고 경험이 적기 때문에 자신이 무엇을 배우고 싶은지 명확히 인지하지 못할 가능성이 크다. 이는 아이의 동기보다 보호자의 바람이 조기 교육에 더 큰 영향을 미치게 되는 이유이기도 하다. 이러한 이유로 조기 교육을 실시하는 것에 반대한다.

장단점 표현

도입 표현

| 도입 표현 | 도입문장 | • 요즘은 V-는 경우가 많다. N은/는 좋은 점도 있지만 문제점도 있다. |

장점 표현

| 장점 표현 | 뒷받침문장 | • 먼저 N의 큰 장점은 A/V-(으)ㄹ 수 있다는 것이다.
• 예를 들어 V-는/은 경우가 많다.
• 또 다른 N의 장점은 A/V-(으)ㄹ 수 있다는 점이다.
• 이 외에도 N에서의 다양한 경험은 A/V-(으)는 데 도움이 된다. |

문제점 표현

| 문제점 표현 | 뒷받침문장 | • 그러나 N은/는 A/V-다는 문제점이 있다.
• 이로 인해 V-거나, A/V-지 못할 수 있다.
• 또한 N이/가 N에 부정적인 영향을 미칠 수 있다. |

의견 표현

| 의견 표현 | 중심문장 | • N의 장점에도 불구하고 위의 문제점을 고려하였을 때 N을/를 하는 것이 적절하지 않다고 생각한다. |
| | 뒷받침문장 | • N(이)란 A/V-다고 생각하기 때문이다.
• 이러한 이유로 N을/를 실시하는 것에 반대한다. |

54번 표현 정리

단락에서 쓰이는 표현과 **모범답안들에서 제시한 표현**을 모아 정리해 보았습니다.

1 순서 표현

세 가지를 순서로 말할 때 다음 표현이 쓰입니다.

첫 번째를 말할 때, '**첫째로, 먼저, 우선**' 등과 같은 표현이 쓰입니다.

두 번째를 말할 때는 '**둘째로, 또한, 그리고, 게다가**' 등의 표현을 쓸 수 있습니다.

세 번째를 말할 때는 '**마지막으로, 나아가, 뿐만 아니라, 이 외에도, 아울러**' 등의 표현을 씁니다.

1	2	3
첫째로	둘째로	마지막으로
먼저	또한	나아가
	또한	뿐만 아니라
먼저	또한	마지막으로
먼저	또한	이 외에도
먼저	그리고/게다가	아울러
우선	그리고/게다가	마지막으로

2 문장 표현

아래는 단락의 문장 표현입니다. **이유, 성과, 노력, 특징, 도입, 장점, 문제점, 의견 표현** 등입니다.

도입 표현을 빼고 나머지 표현에서는 **중심문장과 뒷받침문장**으로 나뉘어져 있습니다.

뒷받침문장만 있는 표현이 있습니다. 그러나 괜찮다면 중심문장도 쓰시면 좋겠습니다.

이유 표현

이유 표현은 '왜?'에 대한 표현입니다. 아래의 질문에 대해 대답1, 2, 3중에 어느 것을 사용해도 좋습니다.

질문	인공지능이 현대사회에 필요한 이유는 무엇인가?
대답1	전자기술이 발달하고 있는 현대 사회에서 인공지능은 필요하다.(중심문장-주장) 왜냐하면 인공지능은 인간들이 이루어 놓은 지식을 정리할 수 있기 때문이다.(뒷받침문장-이유)
대답2	전자기술이 발달하고 있는 현대 사회에서 인공지능은 필요하다.(중심문장-주장) 인공지능은 인간들이 이루어 놓은 지식을 정리한다.(뒷받침문장-이유)
대답3	전자기술이 발달하고 있는 현대 사회에서 인공지능은 인간들이 이루어 놓은 지식을 정리할 수 있다는 점에서(이유) 필요하다(주장).(중심문장)

여기서 이유는 '하는 일'을 말합니다. 현재 **무슨 역할을 하고 있다**를 말하면 됩니다.

대답1은 이유 표현-①처럼 표현했습니다. 다만, 뒷받침문장에서 '**왜냐하면 -기 때문이다**'를 사용했습니다.

대답2도 이유 표현-①처럼 표현했습니다. 다만, 뒷받침문장에서 '**동사 현재**'로 표현했습니다.

대답3은 이유 표현-②처럼 표현했습니다. **중심문장 안에 이유와 주장**이 같이 있습니다.

〈이유 표현-①〉

이유 표현	중심문장	• A-(으ㄴ)/V-는 현대 사회에서 N은/는 필요하다 • A/V-아/어야 한다 • A/V-(으)ㄹ 필요가 있다
	뒷받침문장	• 먼저 N은/는 N을/를 가져온다. V-는 오늘날 A,V-으면 V-(으)ㄹ 수 있다 • 또한 A,V-(으)ㄴ데 N은/는 V-(으)ㄹ 수 있게 돕는다 • 나아가 N은/는 V-는 데에 중요한 역할을 한다 • 왜냐하면/그 이유는 -기 때문이다

〈이유 표현-②〉

이유 표현	중심문장	• N은/는 A,V-다는/N(이)라는 점에서(이유)중요하다(주장)
	뒷받침문장	• N은/는 N**뿐 아니라** • **또한** N은/는 N(이)기도 하다

성과 표현

성과 표현은 **두 번째 단락**에 나오는 경우가 많습니다. 다음 질문과 대답을 보겠습니다.

질문	인공지능을 사용했을 때 어떠한 성과를 얻을 수 있는가?
대답	이와 같이 인공지능은 지식을 정리할 수 있으므로(이유) 인공지능을 사용했을 때 다양한 성과를 얻을 수 있다.(중심문장) 먼저, 인공지능을 의료분야에서 사용하면 최신의 지식으로 환자들을 치료할 수 있다.(뒷받침문장)

성과에 대한 질문이 두 번째 단락, 또는 세 번째 단락에 나온다면, '**이와 같이 -(으)므로**'와 같은 표현을 사용해 주십시오. 앞의 단락을 정리한다는 의미입니다.

성과 표현은 '**-(으)ㄹ 수 있다**'는 표현을 쓰고 있습니다.

〈성과 표현〉

성과 표현 (효과, 결과)	중심문장	• 이와 같이 N은/는 -(으)ㄹ 수 있으므로/-있게 하므로 N을/를 A/V-(았/었)을 때 다양한 성과를 얻을 수 있다.
	뒷받침문장	• N을/를 A/V-(으)면 -(으)ㄹ 수 있다 • 또한 N에서 N을/를 -(으)ㅁ으로써 N을/를 A, V-(으)ㄹ 수도 있다 • 뿐만 아니라 N을/를 V-아/어서 N에 기여할 수 있다

노력 표현

노력 표현은 **세 번째 단락**에 나오는 경우가 많습니다. 다음 질문과 대답을 보겠습니다.

질문	인공지능을 효율적으로 사용하기 위해서는 어떤 노력을 해야 하는가?
대답	인공지능을 효율적으로 사용하기 위해서는 인공지능이 무엇인지와 어떻게 사용해야하는지 확실히 알아야 한다.(중심문장) 인공지능을 효율적으로 사용하기 위해서는 인공지능 사용 방법과 사용 태도의 다각적인 노력이 필요하다.(중심문장) 먼저, 인공지능의 사용 실태를 통해 인공지능이 무엇인지 정확히 알아야 한다.(뒷받침문장)

중심문장에서는 '**-기 위해서는 -아/어야한다**' 또는 '**N의 다각적인 노력이 필요하다**' 등의 표현이 쓰입니다.

뒷받침문장에서도 '**-아/어야 한다**'라는 표현이 쓰입니다.

〈노력 표현-①〉

노력 표현 (준비, 방법)	뒷받침문장	• N을/를 A/V-기 위해서는 먼저 N을/를 통해 –아/어야 한다 • 또한 –는 것이 아니라 A,V-(으)ㄴ/는 관점으로 V–는 태도를 가져야 한다 • 마지막으로 V–는 것이 아니라 A,V–는지를 모색하는 노력을 기울여야 한다

〈노력 표현-②〉

노력 표현	중심문장	• V–도록 돕기 위해서는 N와/과 N의 **다각적인/다양한/여러 노력이 필요하다**
	뒷받침문장	• N에서는 V-고 V-(으)ㄹ 수 있도록 V-(으)ㄹ 필요가 있다. • N에서는 V–는 등의 N을/를 통해 V-(으)ㄹ 수 있을 것이다

특징 표현

특징 표현은 두 번째나 세 번째 단락에 나옵니다. 다음 질문과 대답을 보겠습니다.

질문	인공지능의 특징은 무엇인가?
대답	인공지능**은** 세 가지 특징**이 있다**. (중심문장) 먼저, 인공지능은 여러 지식을 정리하기 때문에(이유) 특정한 지식을 활용하기 쉽다.(주장) (뒷받침문장)

중심문장은 위의 대답처럼 간단하게 써도 됩니다.

뒷받침문장으로 여러 특징을 두세 가지로 쓰셔도 됩니다.

뒷받침문장은 '**-기 때문에**'를 앞에 두어서 이유를 두고 뒤에 주장을 해도 좋습니다.

〈특징 표현〉

특징 표현	중심문장	• N은/는 N 가지 특징이 있다
	뒷받침문장	• N은/는 **-기 때문에**(이유) -기가 쉽다/어렵다(주장) • 특히 N 등은 -게 되는 주된 요인이다 • **또한** V-기도 한다 • **뿐만 아니라** N은/는 -기 때문에(이유) -기 쉽다/어렵다(주장) • 이러한 특성으로 인하여 N은/는 N을/를 하며 N을/를 하기도 한다

도입 표현

질문	스마트폰의 장단점은 무엇인가?
대답	요즘은 스마트폰을 어디에서나 사용하는 경우가 많다. 스마트폰은 좋은 점도 있지만 문제점도 있다.

도입 표현을 위처럼 간략하게 쓸 수 있습니다.

도입 표현	도입문장	• 요즘은 V-는 경우가 많다. N은/는 좋은 점도 있지만 문제점도 있다

장점 표현

질문	스마트폰의 장점은 무엇인가?
대답1	스마트폰의 장점은 여러 장소에서 정보를 쉽사리 얻을 수 있다는 데에 있다.(중심문장) 먼저 스마트폰의 큰 장점은 사람이 없는 곳에서 정보를 얻을 수 있다는 것이다. 예를 들어, 산에서 산행을 하는 경우에 정보를 얻기가 쉽지 않다. 그러나 스마트폰이 있으면 알고 싶은 정보를 쉽게 얻을 수 있다.(예시) (뒷받침문장)
대답2	먼저 스마트폰의 큰 장점은 신속하게 정보를 얻을 수 있다는 것이다. 예를 들어, 산에서 산행을 하는 경우에 정보를 얻기가 쉽지 않다. 그러나 스마트폰이 있으면 알고 싶은 정보를 쉽게 얻을 수 있다.(예시) (뒷받침문장)

대답1처럼 중심문장, 뒷받침문장으로 쓸 수 있다. 중심문장에서는 'N의 장점은 -다는 데에 있다'는 등의 표현을 씁니다.

대답2에서는 뒷받침문장으로 쓰이고, '먼저', '-다는 것이다', '예를 들어' 등의 표현을 씁니다.

〈장점 표현〉

장점 표현	중심문장	• N은/는 -다는 장점이 있다 • N의 장점은 -다는 데에 있다
	뒷받침문장	• 먼저 N의 큰 장점은 A/V-(으)ㄹ 수 있다는 것이다 • 예를 들어 V-는/은 경우가 많다 • 또 다른 N의 장점은 A/V-(으)ㄹ 수 있다는 점이다 • 이 외에도 N에서의 다양한 경험은 A/V-(으)는 데 도움이 된다

문제점 표현

질문	스마트폰의 문제점은 무엇인가?
대답	그러나/하지만/반면에 스마트폰은 사람들을 중독되게 만들 수 있다는 문제점이 있다. 이로 인해 일을 못하거나 싸움이 일어나게 할 수 있다.

대답에서 '그러나'가 앞의 좋은 점을 반대한다는 의미이기 때문에 꼭 있어야 합니다.

〈문제점 표현〉

문제점 표현	뒷받침문장	• 그러나 N은/는 A/V-다는 문제점이 있다 • 이로 인해/이때문에 V-거나, A/V-지 못할 수 있다 • 또한 N이/가 N에 부정적인 영향을 미칠 수 있다

의견 표현

질문	스마트폰에 대해서 어떻게 생각하는가?
대답1	**스마트폰**의 장점에도 불구하고 위의 문제점을 고려하였을 때 스마트폰을 사용하는 것이 적절하지 않다고 생각한다
대답2	스마트폰의 문제점에도 불구하고 위의 장점을 고려하였을 때 스마프폰을 사용하는 것이 적절하다고 생각한다
대답3	스마트폰의 효용이 많다는 점으로 스마프폰을 사용하는 것에 찬성한다.

〈의견 표현〉

의견 표현	중심문장	• N의 장점에도 불구하고 위의 문제점을 고려하였을 때 N을/를 하는 것이 적절하지 않다고 생각한다 • A/V-다는 점으로 A/V-는 것에 반대한다/찬성한다
	뒷받침문장	• N(이)란 A/V-다고 생각하기 때문이다 • 이러한 이유로 N을/를 A/V-는 것에 반대한다/찬성한다

마지막으로, 배경/원인 – 문제 – 해결 방안을 확인해 보겠습니다.

배경/원인 표현

질문	우울증 환자가 생겨나는 사회적 배경은 무엇인가?
대답	학교와 직장에서 치열한 경쟁으로 인해 긴장 가운데 살게 되었다. 이러한 경쟁은 열등감이나 패배감으로 확장되면서 우울증으로 발전하였다. 나아가 우울증을 숨기는 사회적 분위기가 있어서 우울증 환자들이 양산되고 있다/많아지고 있다.

〈배경/원인 표현〉

배경/원인 표현	뒷받침문장	• N(으)로 인해 -(으)ㄹ 수 있게 되었다 • 이는 N(으)로 확장되면서 N이/가 가능해진 것이다 • 나아가 -아/어서 문제가 양산되고 있다/많아지고 있다

문제 표현

질문	우울증 환자의 증가로 인해 어떤 문제가 생길 수 있는가?
대답	우울증 환자의 증가는 우리 사회로 하여금 사회, 경제적 부담을 초래할 수 있다. 우울증 환자의 증가는 사회적 분위기가 어두워지고 침체되는 것은 물론이고 경제적인 악영향을 주기도 한다. 또한 우울증은 사람들과의 불필요한 오해를 확산하고 편견을 야기하며 건전한 의사소통도 방해한다. 나아가 오랫동안 우울증을 앓으면 사회적인 건강을 잃을 수 있기 때문에 심각한 사회 문제라 말할 수 있다.

〈문제 표현〉

문제 표현	중심문장	• N은/는 N(으)로 하여금 N을/를 형성하게 하다/초래하게 하다
	뒷받침문장	• N은/는 물론이고 -기도 한다 • 또한 N은/는 N을/를 확산하고 N을/를 야기하며 N을/를 방해한다. • 나아가 -기 때문에 심각한 사회 문제라 말할 수 있다

해결 방안 표현

질문	이런 문제들을 해결하기 위해서 어떤 방안이 필요한가?
대답	우울증에 관계된 문제들을 해결하기 위해서는 우선 교육적으로 우울증이 무엇인지에 대한 정보를 제공해야 한다. 또한 정신건강 전문가들의 지원을 통해 우울증이 발생할 때 자신을 지키는 방법을 아는 것도 필요하다. 나아가 우울증으로 인한 스트레스를 관리하여 기분 좋게 사는 것도 좋은 방법 중 하나가 될 것이다.

〈해결 방안 표현〉

해결 방안 표현	뒷받침문장	• V-기 위해서는 우선 제도적으로 -고 -지 않도록 -아/어야 한다 • 또한 N을/를 통해 V-는 것이 필요하다 • 나아가 V-아/어서 V-는 것도 좋은 방법일 것이다

연습 문제

(1) 한 단락 쓰기 연습

[1-5] 아래 이유 표현을 사용하여 이유 단락을 쓰시오.

이유 표현	중심문장	• A-(으)ㄴ/V-는 현대 사회에서 N은/는 필요하다 • A/V-아/어야 한다 • A/V-(으)ㄹ 필요가 있다
	뒷받침문장	• 먼저 N은/는 -(으)ㄴ다. V-는 오늘날 A,V-으면 V-(으)ㄹ 수 있다 • 또한 A,V-(으)ㄴ데 N은/는 V-(으)ㄹ 수 있게 돕는다 • 나아가 N은/는 V-는 데에 중요한 역할을 한다 • 왜냐하면/그 이유는 -기 때문이다

이유 표현	중심문장	• N은/는 A,V-다는/N(이)라는 점에서 중요하다
	뒷받침문장	• N은/는 N뿐 아니라 • 또한 N은/는 N(이)기도 하다

1. 다음을 참고하여 200-230자로 글을 쓰시오. 단, 문제를 그대로 옮겨 쓰지 마시오.

> 공감력은 타인의 감정을 자기의 감정처럼 느끼며 반응하는 능력이라고 할 수 있다. 스마트폰과 같은 전자기기에 몰두하는 시간이 많아지는 현대인은 공감능력이 감소하는 것처럼 보인다.
>
> • 공감력이 필요한 이유는 무엇인가?

중심문장	
뒷받침문장	

2. 다음을 참고하여 200-230자로 글을 쓰시오. 단, 문제를 그대로 옮겨 쓰지 마시오.

> 과학 교육은 세계의 현상에 대한 원리와 법칙을 학습 교육한다. 과학 교육은 정보통신 교육뿐만 아니라 빅데이터, 인공지능 등과 같은 첨단을 지도할 때도 요구된다.

• 과학 교육이 필요한 이유는 무엇인가?

중심문장	
뒷받침문장	

3. 다음을 참고하여 200-230자로 글을 쓰시오. 단, 문제를 그대로 옮겨 쓰지 마시오.

> 집중력은 정신을 집중하여 무엇인가 해내는 능력을 말한다. 역사를 돌이켜 볼 때, 이 능력으로 개인과 사회는 어려운 문제들을 해결해왔다.

• 집중력이 필요한 이유는 무엇인가?

중심문장	
뒷받침문장	

4. 다음을 참고하여 200-230자로 글을 쓰시오. 단, 문제를 그대로 옮겨 쓰지 마시오.

	반려동물은 사람이 가깝게 지내는 친구와 같은 동물을 일컫는다. 요즈음 반려동물과 같이 사는 사람들이 급증하고 있다. • 현대사회에서 반려동물이 필요한 이유는 무엇인가?

중심문장	
뒷받침문장	

5. 다음을 참고하여 200-230자로 글을 쓰시오. 단, 문제를 그대로 옮겨 쓰지 마시오.

	여러 나라와 기업에서 지구 밖의 행성에 가거나 개발하기 위한 투자가 계속되고 있다. 이제 곧 화성 등의 행성에 인류가 상륙하여 밟을 것이라고 예측되고 있다. • 우주개발이 중요한 이유는 무엇인가?

중심문장	
뒷받침문장	

[6-8] 아래 성과 표현을 사용하여 성과 단락을 쓰시오.

성과 표현 (효과, 결과)	중심문장	• 이와 같이 N은/는 -(으)ㄹ 수 있으므로/-있게 하므로 N을/를 A/V-(았/었)을 때 다양한 성과를 얻을 수 있다.
	뒷받침문장	• N을/를 A/V-(으)면 -(으)ㄹ 수 있다 • 또한 N에서 N을/를 -(으)ㅁ으로써 N을/를 A,V-(으)ㄹ 수도 있다 • 뿐만 아니라 N을/를 V-아/어서 N에 기여할 수 있다

6. 다음을 참고하여 200-230자로 글을 쓰시오. 단, 문제를 그대로 옮겨 쓰지 마시오.

> 사람이 맡은 일을 중요하게 생각하여 그 일의 결과에 끝까지 하는 마음을 책임감이라고 한다. 세상에는 책임감이 강한 사람이 있는가 하면 그렇지 않은 사람 사람도 의외로 많다.
>
> • 책임감을 발휘했을 때 얻을 수 있는 성과는 무엇인가?

중심문장	
뒷받침문장	

7. 다음을 참고하여 200-230자로 글을 쓰시오. 단, 문제를 그대로 옮겨 쓰지 마시오.

> 토론 능력이란 자기의 의견을 합리적인 근거와 함께 내세울 수 있는 능력을 말한다. 보통, 토론 능력이 좋은 사람은 미래의 인재로 성장할 가능성이 높다.
>
> • 토론 능력을 활발히 함으로써 얻을 수 있는 성과는 무엇인가?

중심문장	
뒷받침문장	

8. 다음을 참고하여 200-230자로 글을 쓰시오. 단, 문제를 그대로 옮겨 쓰지 마시오.

> 외국인에게 문학 교육은 언어 교육, 문화 교육, 문학 교육이 모두 포함되어 있다. 이 교육을 함으로써 외국인은 목표 문학 국가를 더 잘 이해할 수 있다.
>
> • 외국인에게 문학 교육을 통해서 얻을 수 있는 성과는 무엇인가?

중심문장	
뒷받침문장	

[9-13] 아래 노력 표현을 사용하여 성과 단락을 쓰시오.

노력 표현 (준비, 방법)	뒷받침문장	• N을/를 A/V-기 위해서는 먼저 N을/를 통해 -아/어야 한다 • 또한 -는 것이 아니라 A,V-(으)ㄴ/는 관점으로 V-는 태도를 가져야 한다 • 마지막으로 V-는 것이 아니라 A,V-는지를 모색하는 노력을 기울여야 한다
노력 표현	중심문장	• V-도록 돕기 위해서는 N와/과 N의 **다각적인/다양한/여러 노력**이 필요하다
	뒷받침문장	• N에서는 V-고 V-(으)ㄹ 수 있도록 V-(으)ㄹ 필요가 있다. • N에서는 V-는 등의 N을/를 통해 V-(으)ㄹ 수 있을 것이다

9. 다음을 참고하여 200-230자로 글을 쓰시오. 단, 문제를 그대로 옮겨 쓰지 마시오.

> 논리력은 생각을 논리적으로 하여 말이나 글로 표현하는 능력을 말한다. 가짜뉴스가 많은 현대에는 어떤 사실이 진짜인지 가짜인지를 논리적인 사고 과정을 통해 판별해 낼 수 있다.
>
> • 논리력을 기르기 위해서 어떠한 노력을 할 수 있는가?

중심문장	
뒷받침문장	

10. 다음을 참고하여 200-230자로 글을 쓰시오. 단, 문제를 그대로 옮겨 쓰지 마시오.

> 한국어 학습자에게 올바른 글쓰기 능력이란 쓰기 전, 쓰기, 쓰기 후의 전 과정을 돌아보게 하는 능력이다. 이 능력은 하루 아침에 이루어지지 않고 오랜 숙련의 기간이 필요하다.
>
> • 한국어 학습자의 올바른 글쓰기 능력을 돕기 위해 어떤 노력이 필요한가?

중심문장	
뒷받침문장	

11. 다음을 참고하여 200-230자로 글을 쓰시오. 단, 문제를 그대로 옮겨 쓰지 마시오.

> 사회성이란 사회생활을 하려고 하는 성격이다. 현대에 와서 여러 사람과 어울리지 않고 혼자서 사는 사람이 많아지고 있다. 타인과의 교류가 없어지는 경우가 늘고 있다.
>
> • 사회성을 기르기 위해서 어떠한 노력을 할 수 있는가?

중심문장	
뒷받침문장	

12. 다음을 참고하여 200-230자로 글을 쓰시오. 단, 문제를 그대로 옮겨 쓰지 마시오.

> 현대인은 스마트폰과 같은 전자 통신 기기가 애용하면서 온라인으로 물건을 구매하는 것도 쉬워졌다. 이로 인해 과소비가 늘고 있다.

- 합리적인 소비 습관을 기르기 위해서 어떠한 노력을 할 수 있는가?

중심문장	
뒷받침문장	

13. 다음을 참고하여 200-230자로 글을 쓰시오. 단, 문제를 그대로 옮겨 쓰지 마시오.

> 상상력이란 실제 경험하지 않은 사실을 생각 속에서 경험하는 일을 말한다. 상상력은 인간의 미래를 예측하여 발전할 수 있는 길을 만들어 놓았다.

- 상상력을 기르기 위해서는 어떠한 노력을 해야 하는가?

중심문장	
뒷받침문장	

[14-15] 아래 장점 표현을 사용하여 장점 단락을 쓰시오.

장점 표현	중심문장	• N은/는 -다는 장점이 있다 • N의 장점은 -다는 데에 있다
	뒷받침문장	• 먼저 N의 큰 장점은 A/V-(으)ㄹ 수 있다는 것이다 • 예를 들어 V-는/은 경우가 많다 • 또 다른 N의 장점은 A/V-(으)ㄹ 수 있다는 점이다 • 이 외에도 N에서의 다양한 경험은 A/V-(으)는 데 도움이 된다

14. 다음을 참고하여 200-230자로 글을 쓰시오. 단, 문제를 그대로 옮겨 쓰지 마시오.

> 인류를 위한 약품 제조 등을 위해서 동물을 실험하는 경우가 많다. 이러한 실험 덕분에 인간은 무병 및 장수에 이르게 되었다.
> • 동물 실험의 장점은 무엇인가?

중심문장	
뒷받침문장	

15. 다음을 참고하여 200-230자로 글을 쓰시오. 단, 문제를 그대로 옮겨 쓰지 마시오.

> 예전의 대가족은 핵가족으로, 핵가족은 1인 가구로 변화하고 있다. 1인 가구는 사회 문화적으로 여러 변화를 몰고 오고 있다.
>
> • 1인 가구 증가의 긍정적 영향은 무엇인가?

중심문장	
뒷받침문장	

[16-17] 아래 문제점 표현을 사용하여 문제점 단락을 쓰시오.

문제점 표현	뒷받침문장	• **그러나/하지만/반면에** N은/는 A/V-다는 문제점이 있다. • 이로 인해 V-거나, A/V-지 못할 수 있다. • 또한 N이/가 N에 부정적인 영향을 미칠 수 있다.

16. 다음을 참고하여 200-230자로 글을 쓰시오. 단, 문제를 그대로 옮겨 쓰지 마시오.

> 몇몇 나라에서는 비혼주의와 더불어서 저출산이 확대되고 있다. 아기를 낳지 않으려는 이러한 풍조를 막기 위해서 국가는 여러 가지 정책을 국민에게 제시하고 있다.
> - 저출산의 문제점은 무엇인가?

중심문장	
뒷받침문장	

17. 다음을 참고하여 200-230자로 글을 쓰시오. 단, 문제를 그대로 옮겨 쓰지 마시오.

> 유행은 일시적으로 비슷한 모습, 행동, 말 등을 많은 사람들이 따라하는 현상이다. 이러한 현상은 같은 행위를 하고 있다는 안도감도 분명히 느낄 수 있으나 그렇지 않은 점도 있다고 할 수 있다.
> - 유행의 부정적인 영향은 무엇이하고 보는가?

중심문장	
뒷받침문장	

[18-20] 아래 의견 표현을 사용하여 의견 단락을 쓰시오.

의견 표현	중심문장	• N의 장점에도 불구하고 위의 문제점을 고려하였을 때 N을/를 하는 것이 –다고 생각한다. • A/V–다는 점으로 A/V–는 것에 반대한다/찬성한다 • –다고 본다/생각한다
	뒷받침문장	• N(이)란 A/V–다고 생각하기 때문이다. • 이러한 이유로 N을/를 실시하는 것에 반대한다/찬성한다.

18. 다음을 참고하여 200–230자로 글을 쓰시오. 단, 문제를 그대로 옮겨 쓰지 마시오.

> 현대인들은 채식보다는 육식을 선호하는 사람들이 많은 편이다. 육식이 채식보다 성장과 에너지에 더 관계가 있기 때문이라는 것이다. 그러나 채식은 만성질환을 완화하는 효과가 있고 다이어트에 큰 효과가 있다.

• 100% 채식을 찬성하는가, 반대하는가? 근거를 들어 자신의 의견을 쓰라.

중심문장	
뒷받침문장	

19. 다음을 참고하여 200-230자로 글을 쓰시오. 단, 문제를 그대로 옮겨 쓰지 마시오.

> 취업준비생들은 대학교 졸업후 취직이 중요한 목표이다. 취직할 곳인 대기업은 높은 연봉과 풍부한 복지를 제공하지만 높은 스트레스를 받을 수 있고 근무 강도도 높은 편이다.
>
> • 대기업 근무에 대해 좋다고 보는가? 아니면 그 반대인가? 근거를 들어 자신의 의견을 쓰라.

중심문장	
뒷받침문장	

20. 다음을 참고하여 200-230자로 글을 쓰시오. 단, 문제를 그대로 옮겨 쓰지 마시오.

> 현대의 특징을 들라면 스마트폰의 출현이다. 스마트폰은 장소와 관계 없이 정보를 얻을 수 있다는 장점이 있는 반면에 중독이 될 수 있다는 단점도 있다.
>
> • 스마트폰을 수업 시간에 이용하는 것을 찬성하는가? 반대하는가? 근거를 들어 자신의 의견을 쓰라.

중심문장	

뒷받침문장	

[21-22] 아래 배경/원인 표현을 사용하여 의견 단락을 쓰시오.

배경/원인 표현	뒷받침문장	• N(으)로 인해-(으)ㄹ 수 있게 되었다 • 이는 N(으)로 확장되면서 N이/가 가능해진 것이다 • 나아가 -아/어서 문제가 양산되고 있다/많아지고 있다

21. 다음을 참고하여 200-230자로 글을 쓰시오. 단, 문제를 그대로 옮겨 쓰지 마시오.

> 오늘날 우리는 인터넷의 발달로 손쉽게 정보를 얻을 수 있다. 그런데 인터넷을 애용한 나머지 중독되는 경우가 많다.
>
> • 인터넷 중독이 생겨나는 배경은 무엇인가?

중심문장	
뒷받침문장	

22. 다음을 참고하여 200-230자로 글을 쓰시오. 단, 문제를 그대로 옮겨 쓰지 마시오.

> 오늘날 우리는 아기를 적게 낳거나 낳지 않으려는 저출산이라는 현상을 마주하고 있다. 저출산 때문에 학교가 사라질 위기에 처하고 있다.
> - 저출산 문제가 생겨나는 배경은 무엇인가?

중심문장	
뒷받침문장	

[23-24] 아래 문제 표현을 사용하여 의견 단락을 쓰시오.

문제 표현	중심문장	• N은/는 N(으)로 하여금 N을/를 형성하게 하다/초래하게 하다
	뒷받침문장	• N은/는 물론이고 -기도 한다 • 또한 N은/는 N을/를 확산하고 N을/를 야기하며 N을/를 방해한다. • 나아가 -기 때문에 심각한 사회 문제라 말할 수 있다

23. 다음을 참고하여 200-230자로 글을 쓰시오. 단, 문제를 그대로 옮겨 쓰지 마시오.

> 오늘날 현대인은 인터넷과 같은 전자기술을 즐기고 있다. 이와 같은 전자기술은 쉽고 빠르며 적은 텍스트를 제공한다. 이러한 전자기술은 집중력 저하를 야기하고 있다.
>
> • 집중력 저하로 인해 어떤 문제들이 생길 수 있는가?

중심문장	
뒷받침문장	

24. 다음을 참고하여 200-230자로 글을 쓰시오. 단, 문제를 그대로 옮겨 쓰지 마시오.

> 오늘날 술을 마시고 운전하는 사람들이 여전히 보인다. 이로 인해 음주운전한 유명인들이 망신을 당하거나 퇴출되기도 한다.
>
> • 음주 운전으로 인해 어떤 문제가 생길 수 있는가?

중심문장	
뒷받침문장	

[25-26] 아래 해결 방안 표현을 사용하여 의견 단락을 쓰시오.

해결 방안 표현	뒷받침문장	• V-기 위해서는 우선 제도적으로 -고 -지 않도록 -아/어야 한다 • 또한 N을/를 통해 V-는 것이 필요하다 • 나아가 V-아/어서 V-는 것도 좋은 방법일 것이다

25. 다음을 참고하여 200-230자로 글을 쓰시오. 단, 문제를 그대로 옮겨 쓰지 마시오.

> 오늘날 청년층에서 집이나 방에서 나오지 않고 혼자 있는 사람들이 늘고 있다. 이러한 은둔형 외톨이의 증가는 우리 사회에 큰 충격을 주고 있다.
> • 은둔형 외톨이 문제를 해결하기 위해서 어떤 방안이 필요한가?

중심문장	
뒷받침문장	

26. 다음을 참고하여 200-230자로 글을 쓰시오. 단, 문제를 그대로 옮겨 쓰지 마시오.

> 지속적으로 커피를 마시거나 시간마다 단 음식을 먹는 특별한 음식에 중독되는 경우가 많아지고 있다. 이러한 문제는 심각한 건강 문제를 야기한다.
> • 특별한 음식 중독 문제를 해결하기 위해서 어떤 방안이 필요한가?

중심문장	

뒷받침문장

(2) 두 단락 쓰기 연습

1. 다음을 참고하여 400-460자로 글을 쓰시오. 단, 문제를 그대로 옮겨 쓰지 마시오.

> 협동은 사람들이 힘을 합쳐 하나의 일을 이루어내는 능력이다. 개별화되기 쉬운 현대에 협동은 사람들에게 노동의 부담을 덜어주고 서로 기댈 수 있게 해 준다.
> - 협동이 필요한 이유는 무엇인가?
> - 협동하였을 때 얻을 수 있는 성과는 무엇인가?

이유	중심문장	
	뒷받침문장	
성과	중심문장	
	뒷받침문장	

2. 다음을 참고하여 400-460자로 글을 쓰시오. 단, 문제를 그대로 옮겨 쓰지 마시오.

> 사람은 누구나 장년을 거쳐 노인이 된다. 이 시기에 많은 노인들은 육체적인 병과 정신적인 우울에 처하는 경우가 많다.

- 노년기가 중요한 이유는 무엇인가?
- 노인들은 이 시기에 주로 어떤 특징을 보이는가?

이유	중심문장	
	뒷받침문장	
특징	중심문장	
	뒷받침문장	

3. 다음을 참고하여 400-460자로 글을 쓰시오. 단, 문제를 그대로 옮겨 쓰지 마시오.

> 사람은 나누면서 이타적인 존재가 된다. 그러나 요즘은 물가 상승, 저출산, 1인 가구 출현 등이 나눔의 삶을 방해하는 것처럼 보인다. 그러나 어려운 사람들에게 자기의 소중한 물건이나 돈을 나누는 사람들도 여전히 뉴스에서 볼 수 있다.
>
> - 나누는 삶은 왜 중요한가?
> - 나눔이 잘 이루어지지 않는 이유는 무엇인가?

이유	중심문장	
	뒷받침문장	
이유	중심문장	
	뒷받침문장	

4. 다음을 참고하여 400-460자로 글을 쓰시오. 단, 문제를 그대로 옮겨 쓰지 마시오.

> 소셜 미디어는 소셜 네트워크 기반 위에서 개인의 생각 등을 타인과 나눌 수 있는 인터넷 매체이다. 인스타그램, 페이스북, 카카오톡, 유튜브 등이 그러한 예이다.
>
> • 소셜 미디어의 장점은 무엇인가?
> • 소셜 미디어의 문제점은 무엇인가?

장점	중심문장	
	뒷받침문장	
문제점	중심문장	
	뒷받침문장	

5. 다음을 참고하여 400-460자로 글을 쓰시오. 단, 문제를 그대로 옮겨 쓰지 마시오.

> 회사마다 사정이 있는 사원들에게 재택근무의 기회를 주고 있다. 온전히 집에서 근무할 수 있게 하는 것이다. 재택근무는 사원과 직장에 좋은 영향을 미치기도 하지만 그렇지 않기도 하다.
>
> - 재택근무가 미치는 긍정적인 영향은 무엇인가?
> - 재택근무의 부정적인 영향은 무엇인가?

긍정적인 영향	중심문장	
	뒷받침문장	
부정적인 영향	중심문장	
	뒷받침문장	

IV. 주제 및 질문에 맞게 글쓰기 223

6. 다음을 참고하여 400-460자로 글을 쓰시오. 단, 문제를 그대로 옮겨 쓰지 마시오.

> 나라마다 문학을 가르친다. 문학 속에 자기 민족의 전통과 사상을 알 수 있기 때문일 것이다.
>
> • 우리가 문학 작품을 왜 알아야 하는가?
> • 문학 작품을 통해서 무엇을 배울 수 있는가?

이유	중심문장	
	뒷받침문장	
성과	중심문장	
	뒷받침문장	

7. 다음을 참고하여 400-460자로 글을 쓰시오. 단, 문제를 그대로 옮겨 쓰지 마시오.

> 요즘 사회는 인공지능으로 대표되는 디지털 사회로 향하고 있다. 이러한 요즘 사회의 특성을 참고하여 다음을 쓰라.
> - 요즘 사회에서 필요로 하는 인재는 어떠한 사람인가?
> - 그러한 인재가 되기 위해서 어떠한 준비가 필요한가?

어떠한 인재	중심문장	
	뒷받침문장	
어떠한 준비	중심문장	
	뒷받침문장	

Ⅳ. 주제 및 질문에 맞게 글쓰기

8. 다음을 참고하여 400-460자로 글을 쓰시오. 단, 문제를 그대로 옮겨 쓰지 마시오.

> 사람들은 경제적인 성공을 추구하면서 살아가고 있다. 물론 이러한 기준은 다르다. 그러나 경제적인 성공과 삶의 보람이 같다고는 할 수 없다. 이에 대해 쓰라.

- 사람들이 생각하는 삶의 보람이란 무엇인가?
- 경제적 성공과 삶의 보람은 어떠한 관계인가?

정의	중심문장	
	뒷받침문장	
관계	중심문장	
	뒷받침문장	

9. 다음을 참고하여 400-460자로 글을 쓰시오. 단, 문제를 그대로 옮겨 쓰지 마시오.

	자기계발은 자기의 한계를 벗어나 다른 분야를 배우거나 도전하는 것을 말한다. 빠르게 변화하는 현대 사회는 현대인에게 자기의 한계를 벗어나 다른 분야도 배울 것을 요구하고 있다.	
	• 자기계발이 필요한 이유는 무엇인가?	
	• 자기계발을 이루었을 때 얻을 수 있는 성과는 무엇인가?	

이유	중심문장	
	뒷받침문장	
성과	중심문장	
	뒷받침문장	

Ⅳ. 주제 및 질문에 맞게 글쓰기

10. 다음을 참고하여 400–460자로 글을 쓰시오. 단, 문제를 그대로 옮겨 쓰지 마시오.

> 의사소통은 인간관계의 기본이다. 특히, 원활한 의사소통을 통해 인간은 서로를 이해하고 알게 되고 도울 수 있게 된다.
>
> • 원활한 의사소통이 중요한 이유는 무엇인가?
> • 의사소통을 원활하게 발휘했을 때 얻을 수 있는 성과는 무엇인가?

이유	중심문장	
	뒷받침문장	
성과	중심문장	
	뒷받침문장	

실전 문제

1. 다음을 참고하여 600~700자로 글을 쓰시오. 단, 문제를 그대로 옮겨 쓰지 마시오. (50점)

> 관찰력은 사물, 사람 그리고 현상을 자세히 살펴보는 능력이다. 사람이 성장하려면 사물이나 현상을 관찰하는 능력이 필요하고 현대 사회는 이 능력을 요구하고 있다. 아래의 내용을 중심으로 '관찰력의 필요성과 이를 기르기 위한 노력'에 대한 자신의 생각을 쓰라.
>
> - 관찰력이 필요한 이유는 무엇인가?
> - 관찰력을 발휘하면 얻을 수 있는 효과는 무엇인가?
> - 관찰력을 기르기 위해서 어떠한 노력을 할 수 있는가?

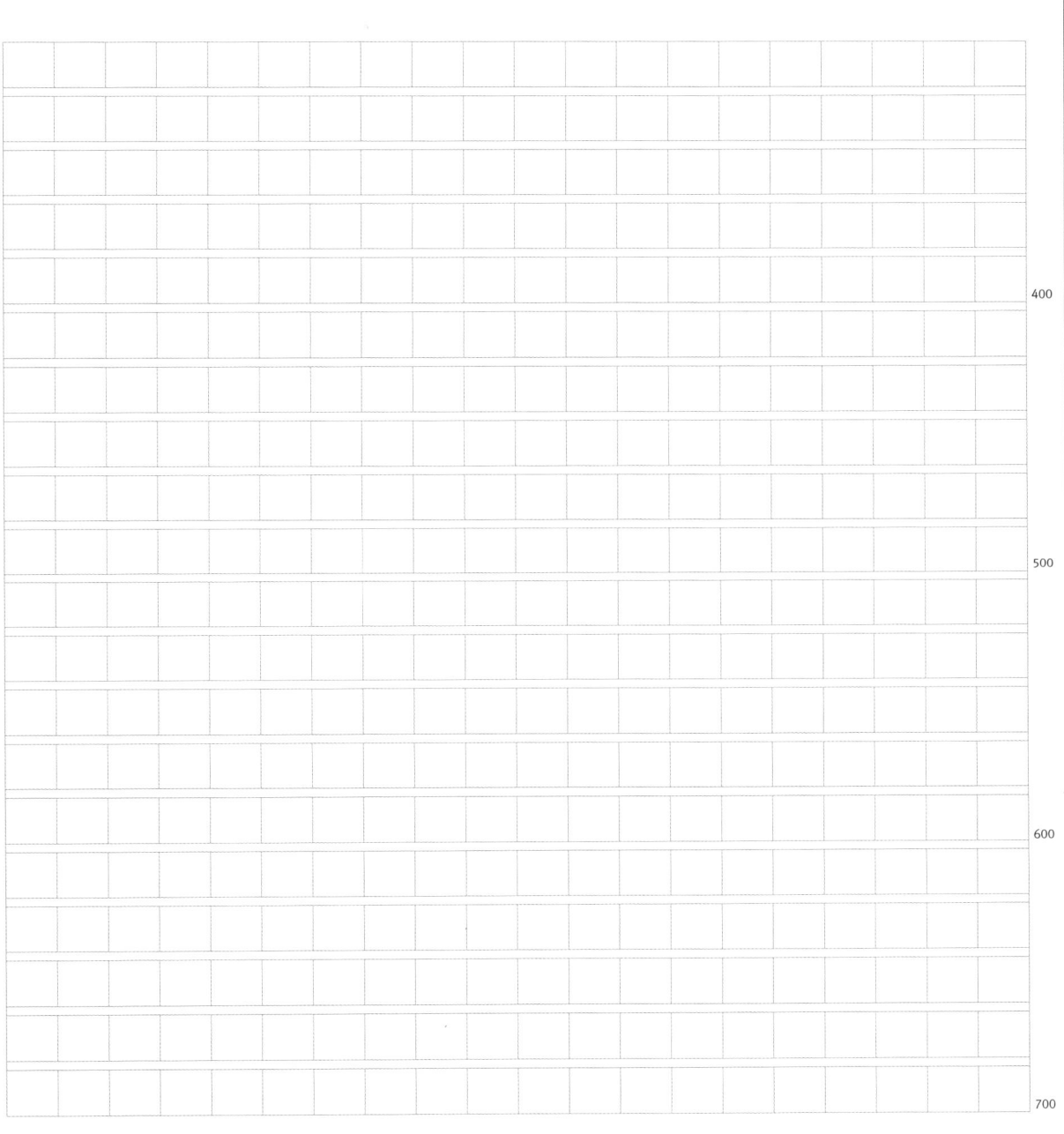

2. 다음을 참고하여 600~700자로 글을 쓰시오. 단, 문제를 그대로 옮겨 쓰지 마시오. (50점)

수학은 사람에게 수에 대한 감각과 함께 논리적 사고력을 길러준다. 청소년은 수학을 익히며 논리력뿐만 아니라 집중력도 함께 기른다. 아래의 내용을 중심으로 '청소년의 수학 교육의 필요성'에 대한 자신의 생각을 쓰라.

- 청소년에게 수학 교육이 필요한 이유는 무엇인가?
- 청소년들이 수학 교육을 받으면 얻을 수 있는 성과는 무엇인가?
- 청소년의 수학 교육을 돕기 위해 어떤 노력이 필요한가?

3. 다음을 참고하여 600~700자로 글을 쓰시오. 단, 문제를 그대로 옮겨 쓰지 마시오. (50점)

> 현대인들은 신용 카드를 사용하여 현금을 대신하는 경우가 많다. 이러한 신용 카드는 긍정적인 점도 있지만 그렇지 않은 점도 있다. 아래의 내용을 중심으로 '신용 카드 사용의 장점과 문제점'에 대해 자신의 의견을 쓰라.

- 신용 카드 사용의 장점은 무엇인가?
- 신용 카드 사용의 문제점은 무엇인가?
- 신용 카드 사용에 대해 어떻게 생각하는가? 근거를 들어 자신의 의견을 쓰라.

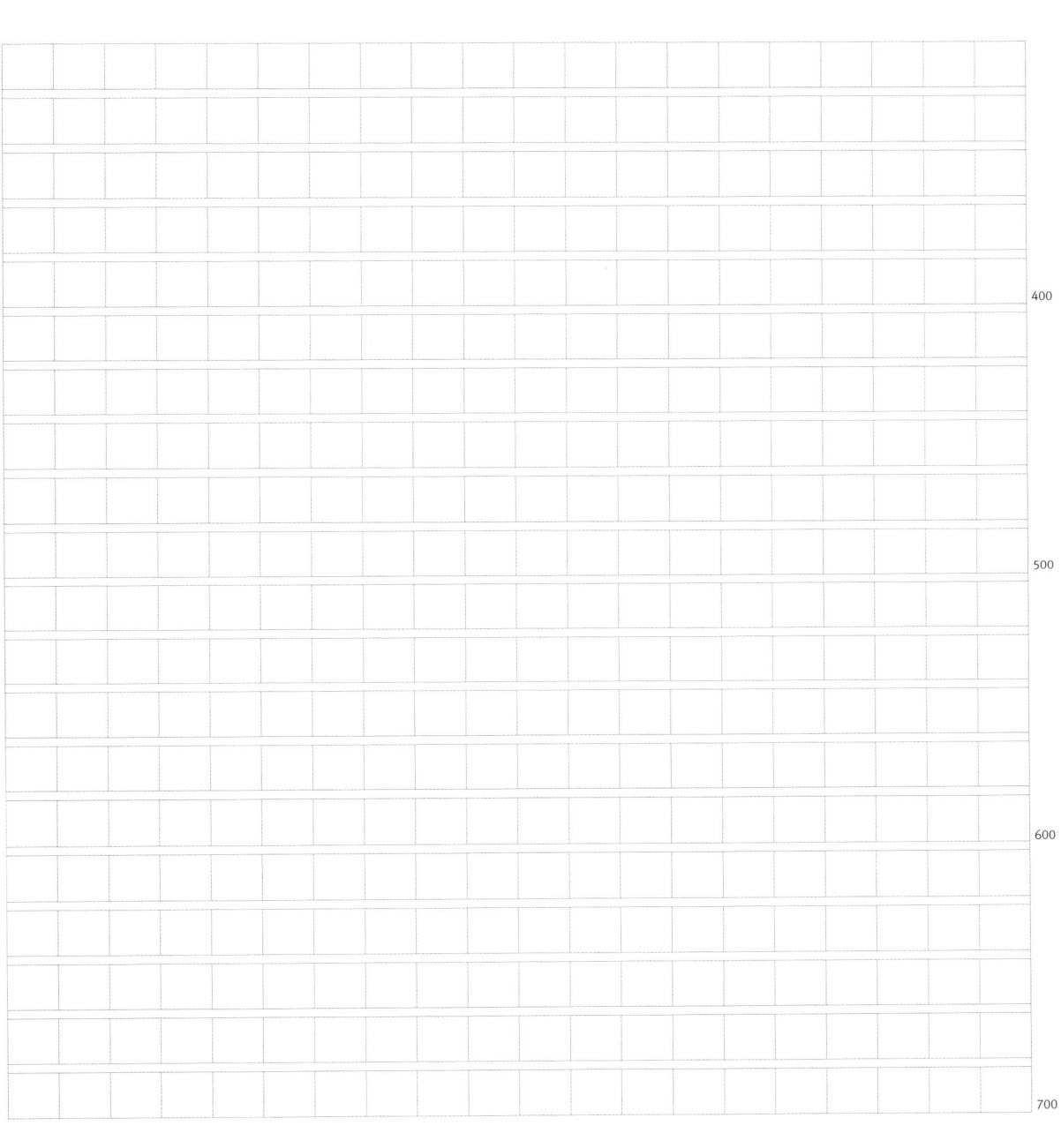

4. 다음을 참고하여 600~700자로 글을 쓰시오. 단, 문제를 그대로 옮겨 쓰지 마시오. (50점)

> 우리는 대인관계가 잘 안되어 힘든 경우가 있다. 이러한 불편한 대인관계는 개인적, 사회적인 요인이 있다. '대인관계의 중요성과 방법'에 대해 아래의 내용을 중심으로 자신의 생각을 쓰라.
>
> - 대인관계가 왜 중요한가?
> - 대인관계가 잘 안되는 이유는 무엇인가?
> - 대인관계를 원만하게 이루는 방법은 무엇인가?

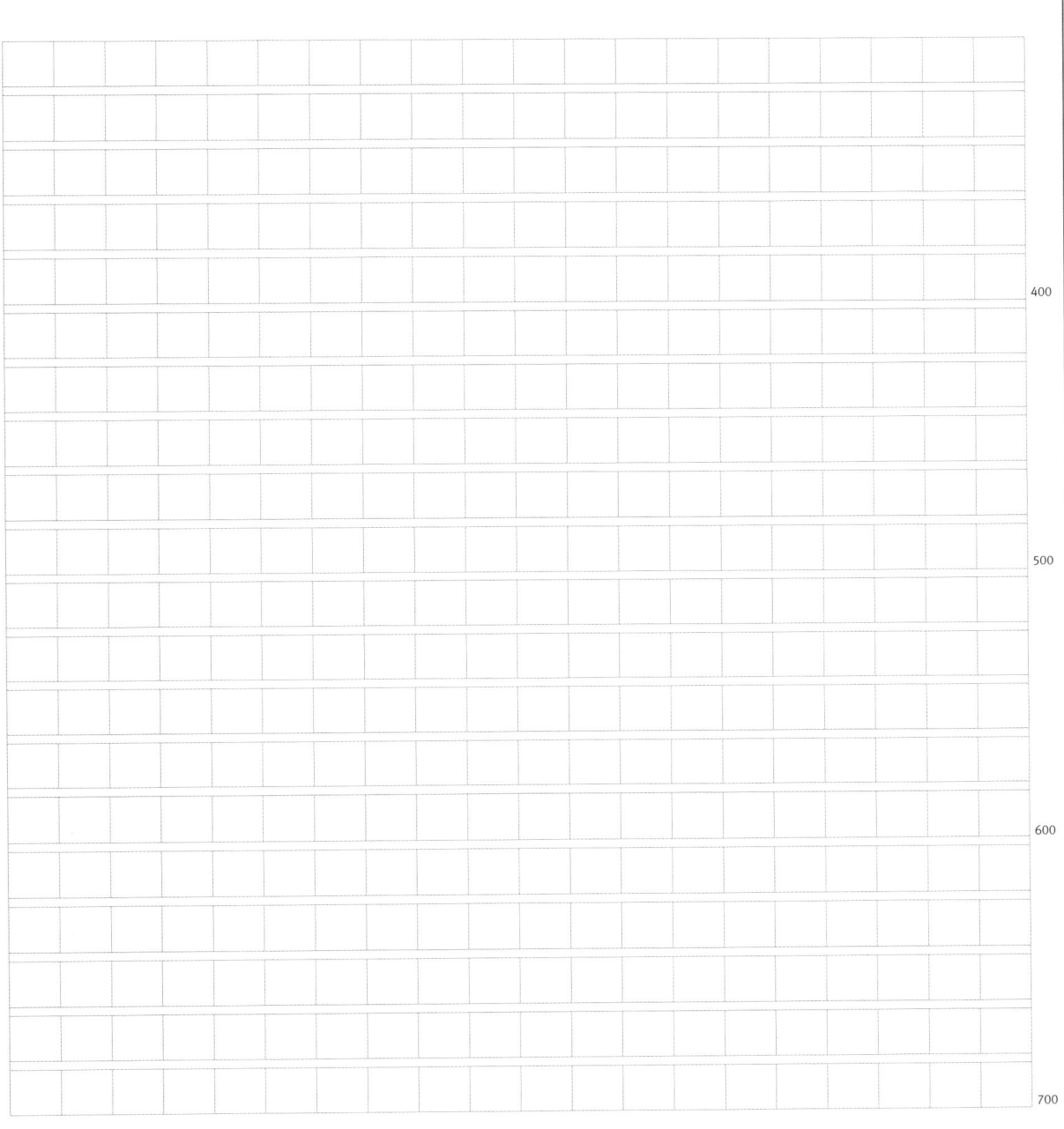

5. 다음을 참고하여 600~700자로 글을 쓰시오. 단, 문제를 그대로 옮겨 쓰지 마시오. (50점)

> 발표 능력은 청중에 맞게 목표한 내용을 효과적으로 제시하는 능력이다. 그러나 이 능력을 학교나 회사에서 제대로 발휘하는 사람은 많지 않다. '발표 능력의 필요성과 이를 기르기 위한 노력'에 대한 자신의 생각을 쓰라.
>
> - 발표 능력이 필요한 이유는 무엇인가?
> - 발표 능력을 발휘했을 때 얻을 수 있는 성과는 무엇인가?
> - 발표 능력을 기르기 위해서 어떠한 노력을 할 수 있는가?

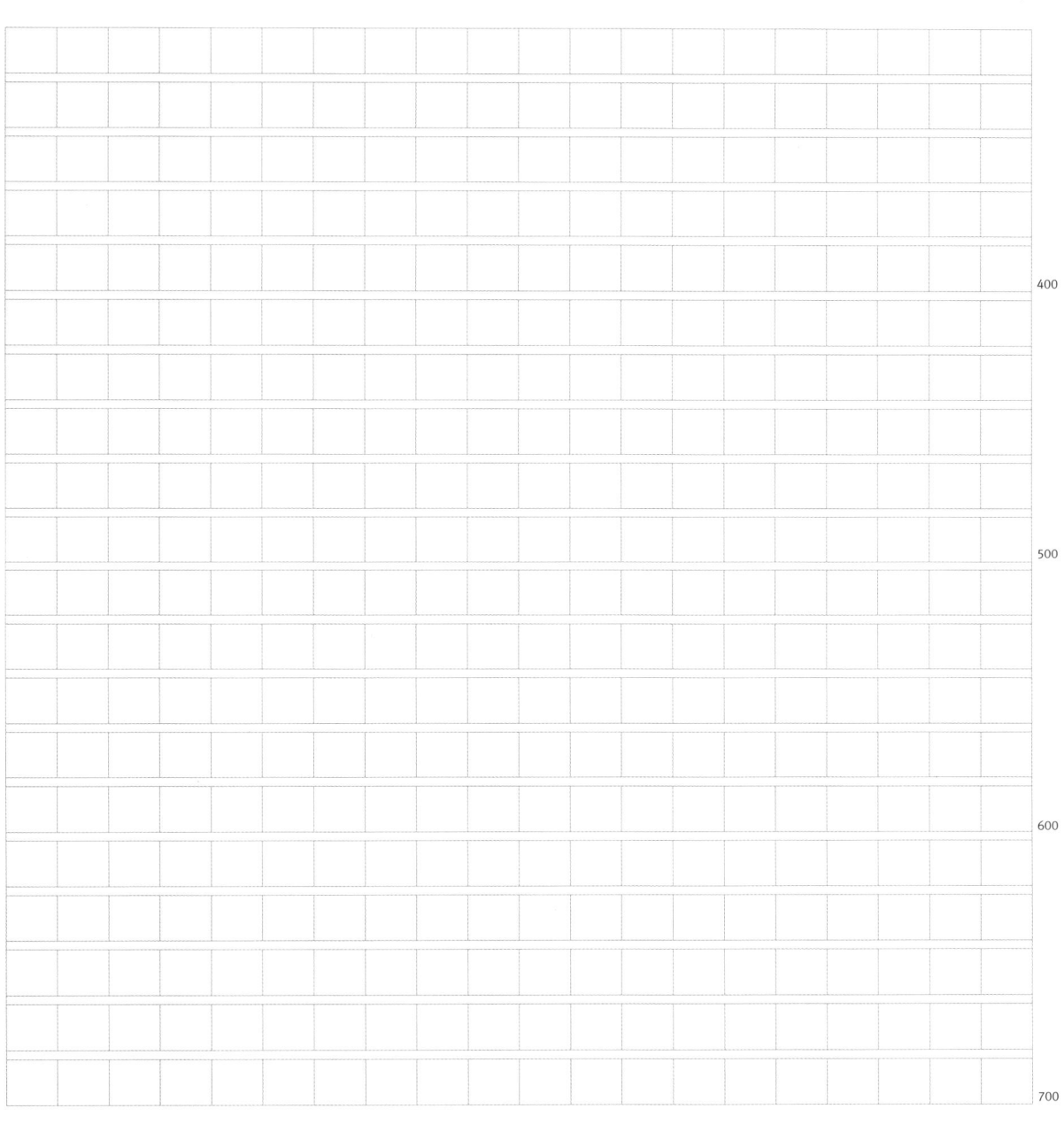

연습 문제 내용 정리

(1) 한 단락 쓰기 연습

	이유(기능, 역할)	성과(효과)	노력(준비, 방법)
상상력	1. 경험하지 못한 생각을 한다 2. 새로운 아이디어를 만든다 3. 새로운 관점으로 세상을 본다	1. 작가는 새로운 이야기를 만든다 2. 발명가는 상상력을 통해 새로운 발명을 한다 3. 화가는 새로운 그림을 그린다	1. 생각의 경계를 없애도록 질문을 한다 2. 규칙을 없애고 생각하게 한다 3. 엉뚱한 생각을 하게 하고 말하게 한다
논리력	1. 생각을 조리 있게 구성한다 2. 주장과 근거를 합리적으로 말한다	1. 학업 능력이 향상된다, 특히 수학 문제를 해결할 수 있다 2. 토론에서 논리적으로 의견을 말한다 3. 글쓰기에서 논리적으로 글을 전개할 수 있다	1. 학교에서 교사는 생각을 표현할 수 있도록 질문한다 2. 집에서 부모는 정확하게 말하고 아이에게 그렇게 말하도록 한다 3. 글을 쓸 때, 주장과 이유를 쓸 수 있도록 지도한다
집중력	1. 목표를 가지고 몰두한다 2. 환경과 관계없이 집중한다	1. 학생은 오랫동안 자기를 통제한다 2. 직장인은 업무를 수행할 때 훌륭한 결과를 가져온다	1. 목표를 설정하여 반드시 이루겠다는 의지를 갖는다 2. 작은 목표를 정하여 계속적으로 이룬다 3. 목표 시간을 정한다
책임감	1. 과제를 끝까지 하려고 한다 2. 자기가 한 일에 평가를 받는다	1. 인간관계에서 책임감을 통해 신뢰를 얻는다 2. 공부나 업무에서 자기가 할 일에 대해 예측하고 성취한다	1. 가정에서는 아이에게 심부름을 시키는 등 책임감을 가르친다 2. 학교에서는 학생의 자기 행동에 대해 책임을 질 수 있도록 교육한다

공감력	1. 다른 사람의 입장에서 생각하고 느낀다 2. 다른 사람의 말을 경청한다	1. 대인 관계가 넓어져 친구가 많아진다 2. 상대방과 이어지는 느낌으로 행복해진다	1. 평소의 환경과 사람에서 벗어나 새로운 환경과 새로운 사람을 만난다 2. 다른 사람의 관심사를 알아본다 3. 아는 것이 아니라 느끼려고 노력한다
토론 능력	1. 문제에 대한 주장과 근거를 마련하여 말한다 2. 타인의 주장과 근거를 면밀히 살피고 반박한다 3. 공통의 주장과 근거를 파악한다	1. 문제에 대해 주도적으로 해결 방법을 제시한다 2. 민주적 의사결정 과정을 배움으로써 서로의 의견을 교환하고 결정한다	1. 평소에 주장과 근거를 말하는 논리적인 말하기를 연습한다 2. 다른 사람의 말을 경청하고 분석한다 3. 어휘력과 배경지식을 키운다
글쓰기 능력	1. 문제 상황을 파악하여 그에 대한 대답으로 글을 쓴다 2. 독자에 맞는 어휘와 표현을 구사한다 3. 글의 흐름을 구성한다	1. 자기를 발견한다 2. 관찰력이 발전한다 3. 자존감이 높아진다	1. 쓰고 싶은 내용을 친구에게 처음부터 끝까지 말해 본다. 2. 개요를 적어본다 3. 수업 시간에 발표해 본다
과학 교육	1. 현상에 대한 실험, 분석을 해 본다 2. 증거에 입각한 과학적 사고 방식을 익힌다	1. 과학적 태도와 문제 해결력을 함양한다 2. 과학적 창의성을 키운다	
외국인 문학 교육	1. 자국의 작품과 목표 문학작품을 비교한다 2. 목표 문학작품의 특성을 안다	1. 한국 문학작품을 통해 자연스러운 한국어를 알아 의사소통에 도움이 된다 2. 한국 사상과 문화를 알게 된다	1. 수준에 맞는 문학 작품을 읽는다 2. 수업시간에 문학 작품에 대해서 발표한다
반려 동물	1. 인간의 친구이다 2. 위로를 서로 주고 받는다	1. 스트레스가 감소한다 2. 산책을 통하여 운동한다 3. 고독한 감정이 줄어든다	

우주 개발	1. 무인, 유인 우주선이 태양계의 행성에 간다 2. 기술 개발을 한다	1. 우주를 알게 된다 2. 새로운 산업을 통해 경제적 이익을 얻는다 3. 타 행성 이주를 바라게 된다	
사회성	1. 친구를 만든다 2. 다른 사람들과 원만하게 잘 지낸다 3. 협동심을 강화한다	1. 자기 통찰을 통해 자아 성장을 한다 2. 정서적으로 안정된다 3. 학교나 사회에서 성공적으로 살아간다	1. 다른 사람에게 호감을 갖고 이야기한다 2. 친구들과 정기적으로 만나 활동한다 3. 목표를 가지고 다른 사람들과 협력한다
합리적 소비 습관	1. 돈에 맞게 소비를 계획한다 2. 필요한 소비 리스트를 확인한다 3. 충동구매를 피한다	1. 건강한 재정 상태를 유지한다 2. 소비자는 필요한 욕구를 충족한다	1. 소비 습관을 확인한다 2. 소비 목표를 정한다 3. 할부 사용은 지양한다

	장점	문제점	의견
동물 실험	1. 동물 실험을 통해 암과 같은 인간의 난치병을 고친다 2. 동물 실험을 통해 인간 질병을 위한 약을 만든다	1. 동물도 인간과 같은 생명이다 2. 동물은 인간과 같은 조직이 아니므로 부작용이 다르다	
1인 가구	1. 혼자 살기에 독립적이고 자유롭다 2. 가족 갈등이 없다	1. 혼자 있으므로 영양 불균형 등 건강 문제가 생긴다 2. 사고가 발생하면 해결하기 쉽지 않다	
저출산	1. 개인의 소중함을 안다 2. 전통적인 가족 중심주의에서 벗어난다	1. 인구가 줄어들어 인력이 부족하다 2. 사회적인 연대감이 줄어든다 3. 도시와 지방의 인구 격차가 심해진다	
유행	1. 새로운 경험을 따라하고 즐긴다 2. 사회적 소속감을 느낀다	1. 개성이 사라진다 2. 돈을 많이 쓴다	

채식	1. 식물성 음식을 통해서 비타민을 비롯한 여러 에너지원을 흡수한다 2. 육식으로 인한 환경 문제 발생을 줄인다	1. 육식을 통한 에너지를 섭취하지 못해 건강 문제가 생긴다 2. 아이들이 성장하는데 문제가 생긴다	
대기업 근무	1. 안정적이고 높은 연봉을 받는다 2. 회사 시스템을 통해 업무를 체계적으로 배운다	1. 사원끼리의 경쟁이 치열하다 2. 사원의 존재감이 약해질 수 있다	
스마트폰 사용	1. 정보를 쉽고 빠르게 접한다 2. 여러 앱으로 원하는 놀이와 작업을 한다	1. 오랜 사용은 중독과 의존에 빠지게 된다 2. 눈이 피로해지고 정신이 피폐해지는 등 건강에 문제가 생긴다	

(2) 두 단락 쓰기 연습

	이유(기능, 역할)	성과(효과)	노력(준비, 방법)
협동	1. 서로 힘을 합쳐 일을 한다 2. 서로 믿고 목표를 향해 나아간다	1. 과제나 업무를 성공적으로 이룬다 2. 효율적으로 할 수 있는 아이디어나 방법을 알아낸다	1. 신뢰를 바탕으로 단일한 목표를 정한다 2. 기한을 정해 끝까지 해낸다
노년기	1. 신체적으로 약해지나 규칙적인 식습관, 운동 습관으로 건강하게 산다 2. 부정적인 감정이 생기지만 이를 긍정적인 감정으로 관리하면서 삶을 정리한다	1. 노년기를 통해 일과 스트레스로부터 벗어나 풍부한 자유 시간을 즐긴다 2. 사회적 관계의 지속으로 사람들에게 긍정적인 영향을 끼친다	1. 노년기에 필요한 자금을 준비한다. 2. 운동과 식단으로 건강한 몸과 마음을 만든다 3. 지속적으로 호기심을 가지고 원하는 과제를 해결하고 배운다
나눔	1. 남에게 줄 수 있는 것이 무엇인지 파악한다 2. 나눌 수 있는 곳을 찾아본다 3. 정기적으로 물질적, 정신적 나눔을 실천한다	1. 나눔은 다른 사람에게 내 것을 나눔으로써 정신적인 성장을 하게 한다 2. 나눔으로써 개인은 다른 개인과 이어져 있음을 인식하게 된다 3. 사회적인 문제를 해결하는 데 돕는 역할을 한다	1. 쓸만한 물건이지만 사용하지 않는 물품을 나눈다 2. 무료 급식단체에 가서 봉사하거나 물질적으로 헌납한다 3. 사망시, 타인을 위해 몸의 장기를 기증하도록 하는 증서를 준비한다
문학 작품	1. 인간과 사회, 문화를 이해한다 2. 등장인물을 통해 타인을 간접적으로 체험한다 3. 작품의 주제와 가치를 안다	1. 해석 능력을 신장한다 2. 감상 능력을 기른다 3. 사용된 언어와 문화를 배운다	
자기 계발	1. 자신의 능력을 향상시키기 위해 노력한다 2. 학습하거나 멘토를 찾아서 도움을 받는다	1. 자신감이 높아진다 2. 경력이 많아진다 3. 관점이 넓어진다	
원활한 의사 소통	1. 문제를 신속히 파악한다 2. 불필요한 갈등을 안다 3. 의사소통 교육으로 타인을 이해한다	1. 문제를 파악하고 해결한다 2. 관계를 형성하고 원활하게 유지한다	

	장점	문제점	의견
소셜 미디어	1. 시간과 공간에 관계없이 여러 사람들과 연결한다 2. 글로벌 문제를 공유한다 3. 온라인 그룹을 만들어 서로 지원한다	1. 가짜 뉴스가 확산된다 2. 소셜 미디어의 사용은 집착과 중독에 이른다 3. 사이버 범죄로 악용된다	
재택 근무	1. 언제 어디서나 일에 집중한다 2. 근무할 때 느껴지는 스트레스로부터 해방된다 3. 육아와 같은 가정 일을 같이 한다	1. 긴장감이 줄어 업무를 제대로 못하는 경우도 있다 2. 의사소통이 간접적이기에 업무 지시가 불가능할 때가 있다 3. 상사는 직원을 통제하기 불가능하다	

	어떠한 인재	어떠한 준비
인재	1. 인간만이 지닌 공감력, 소통하는 능력이 있다 2. 자료를 처리할 때 비판적 사고 능력이 있다	1. 인문학에 대한 소양을 기른다 2. 토론과 토의에 직접 참여한다

	정의	관계
삶의 보람	1. 어려움을 극복하고 성공한다 2. 사회와 나라를 위해 일을 한다 3. 가족과 친구, 동료들에게 잘한다	1. 정신적인 성장을 한다 2. 성실한 삶을 운영한다

연습 문제 내용 정리

	이유(기능, 역할)	성과(효과)	노력(준비, 방법)
관찰력	1. 사물을 볼 때, 편견과 선입견을 내려놓고 기술한다 2. 관찰된 결과에서 공통점을 찾는다 3. 다시 관찰하고 확인한다	1. 현실에서 문제의 해답을 발견한다 2. 다른 사람의 모습과 행위에서 메시지를 발견한다 3. 메시지를 통합하여 이해한다	1. 선입견을 버리고 관찰한다 2. 관찰한 사실을 메모하고 정리한다 3. 정리한 내용을 전문 서적으로 확인하거나 전문가에게 문의한다
수학 교육	1. 숫자에 대한 기술을 가르친다 2. 추상적인 수학 개념을 가르친다 3. 논리적인 추론을 가르친다	1. 문제를 정의하고 분석하여 해결한다 2. 논리적으로 사고하고 추론한다 3. 경제학, 의학과 같은 수학을 사용하는 학문에 응용된다	1. 교사가 원리를 설명하고 학생이 그 원리에 바탕을 두어 문제를 푼다 2. 학생들이 주도적으로 문제를 해결하면서 개념을 발견하여 새로운 문제를 해결한다
대인 관계	1. 다른 사람과 친밀한 관계를 설정한다 2. 같은 이해를 공유하면서 서로를 이해하고 돕는다	1. 학교 생활과 직장생활에서 공동의 과제나 업무를 효율적으로 해 나간다 2. 건강하고 긍정적인 사람이 된다.	1. 다른 사람을 배려하면서 말한다 2. 다른 사람이 말하지 않으면 말할 수 있도록 돕는다 3. 표정, 목소리 등과 같은 비언어적 소통을 늘린다
발표 능력	1. 청중을 고려하여 원고를 작성한다 2. 청중이 원하는 내용을 만든다 3. 자신감 있게 말한다	1. 발표자의 자신감을 키운다 2. 지도자로서의 역할을 한다 3. 학교나 직장의 과제나 업무를 공식적으로 정리한다	1. 과제에 맞는 주제를 정확히 파악한다 2. 청중과 목적을 설정한다 3. 간결하게 원고를 작성한다 4. 여러번 연습하고 자신감 있게 발표한다

	장점	문제점	의견
신용 카드	1. 현금이 없어도 신용으로 결제한다 2. 계획적으로 사용이 가능하다 3. 할인을 받을 수 있다	1. 충동적으로 소비한다 2. 빚을 질 수 있다 3. 분실되면 부정하게 사용된다	

🔍 글쓰기 순서를 기억하십시오!

1. 문제의 **주제**를 이해하십시오. 문제의 지문에서 **글의 방향**을 확인하십시오.

    ⬇

2. **무슨 질문**인지 확인하십시오. **이유, 성과, 노력, 장점, 문제점, 의견** 어느 것인가요?

    ⬇

3. **질문의 흐름**을 확인하십시오. **원인-문제-해결**인가요? **이유-성과-노력**인가요? **장점-단점-의견**인가요?

    ⬇

4. **흐름에 맞는 문법 표현**을 익히십시오. 순서, 이유, 성과, 노력, 장점, 문제점, 의견에 맞는 문법 표현을 쓰십시오.

    ⬇

5. 가능하면, 단락마다 중심문장과 뒷받침문장으로 쓰도록 하십시오.

    ⬇

6. 각 **단락**은 200자-230자로 쓰도록 하십시오.

    ⬇

7. 순서 표현인 〈먼저, 또한, 마지막〉 등을 단락마다 쓰십시오.

    ⬇

8. 주제어는 반드시 〈주제어은/는〉을 사용하십시오.

    ⬇

9. 문제의 주제는 **미리 공부하고 익혀서** 쓰십시오.

    ⬇

10. 각 단락의 **내용은 3개씩** 준비하십시오.

모범 답안

I. 앞뒤 맥락을 확인하여 쓰기

연습 문제-①

(1) 어휘 찾기 연습

1.

어휘	문법	답안
듣다 들어보다	-(으)ㄴ 적이 있다/없다	들은 적이 들어본 적이

2.

어휘	문법	답안
가 보다 참가하다	-고 싶습니다	가 보고 싶습니다 참가하고 싶습니다

3.

어휘	문법	답안
가다 하다	-게 되었습니다	가게 되었습니다 하게 되었습니다

4.

어휘	문법	답안
주시다	-았/었으면 합니다	주셨으면 합니다

5.

어휘	문법	답안
준비하다 알다	-아/어야 하는지	준비해야 하는지 알아야 하는지

6.

어휘	문법	답안
어떻게 하다	-아/어야 합니까?	어떻게 해야 합니까?

7.

어휘	문법	답안
빌려 주시다	-아/어 주어서	빌려 주셔서

8.

어휘	문법	답안
시간이 괜찮다 괜찮다	-(으)십니까?	시간이 괜찮으십니까? 괜찮으십니까?

9.

어휘	문법	답안
자다	-(으)ㄹ 수가 있습니다/없습니다	잘 수가 없습니다

10.	어휘	문법	답안
	내다 납부하다	-(으)ㄹ 수 있습니까?	낼 수 있습니까? 납부할 수 있습니까?

11.	어휘	문법	답안
	초대하다	-고 싶습니다	초대하고 싶습니다

12.	어휘	문법	답안
	오후 시간	N이면	오후 시간이면

13.	어휘	문법	답안
	연락해 주시다 전화해 주시다	-기 바랍니다	연락해 주시기 바랍니다 전화해 주시기 바랍니다

14.	어휘	문법	답안
	신입 회원을 모집하다	-(으)ㅂ니다	신입 회원을 모집합니다

15.	어휘	문법	답안
	내려주시다 인하하다	-았/었으면 합니다	내려주셨으면 합니다 인하했으면 합니다

16.	어휘	문법	답안
	참가/참석하다 가다	-(으)ㄹ 수 없을 것 같습니다	참가/참석할 수 없을 것 같습니다 갈 수 없을 것 같습니다

17.	어휘	문법	답안
	가다	-(으)면 됩니까?	가면 됩니까?

18.	어휘	문법	답안
	약속이 생기다 일이 생기다	-아/어서	약속이 생겨서 일이 생겨서

19.	어휘	문법	답안
	돌아가다	-게 되었습니다	돌아가게 되었습니다

20.	어휘	문법	답안
	말씀 드려야 하다	-아/어야 한다고 들었습니다	말씀 드려야 한다고 들었습니다

21.	어휘	문법	답안
	어떻게 하다	-아/어야 합니까?	어떻게 해야 합니까?

22.	어휘	문법	답안
	타다	-아/어야 합니까	타야 합니까?

23.	어휘	문법	답안
	확인하다 알다	-(으)ㄹ 수 있습니까	확인할 수 있습니까? 알 수 있습니까?

24.	어휘	문법	답안
	택배가 오다	-다고 들었습니다	택배가 온다고 들었습니다

25.	어휘	문법	답안
	사다 주문하다	-려고 합니다	사려고 합니다 주문하려고 합니다

(2) 문법 찾기 연습

1.	어휘	문법	답안
	쓴 적이 없다 사용한 적이 없다	-아/어서	쓴 적이 없어서 사용한 적이 없어서

2.	어휘	문법	답안
	마음에 들다	-(으)면 좋겠습니다 -(았/었)으면 좋겠습니다	들면 좋겠습니다 들었으면 좋겠습니다

3.	어휘	문법	답안
	참가하다	-기 어려울 -(으)ㄹ 수 없을	참가하기 어려울 참가할 수 없을

4.	어휘	문법	답안
	듣다 이해하다	-기 어려우십니까	듣기 어려우십니까? 이해하기 어려우십니까?

5.	어휘	문법	답안
	준비를 하다	-아/어야 하는지	준비를 해야 하는지

6.	어휘	문법	답안
	노트북 컴퓨터	N이/가 필요합니다	노트북 컴퓨터가 필요합니다

7.	어휘	문법	답안
	참가하다 오다	-(으)ㄹ 수 있습니까	참가할 수 있습니까? 올 수 있습니까?

8.	어휘	문법	답안
	무엇을 얻다	-(으)려고 하십니까 -고 싶습니까	무엇을 얻으려고 하십니까? 무엇을 얻고 싶습니까?

9.	어휘	문법	답안
	도와 주시다 알려 주시다	-아/어서	도와 주셔서 알려 주셔서

10.	어휘	문법	답안
	금연 구역이다	N(이)라서	금연 구역이라서

11.	어휘	문법	답안
	들어가다	-고 싶습니다 -(으)려고 합니다	들어가고 싶습니다 들어가려고 합니다

12.	어휘	문법	답안
	하다	-아/어야 -(으)ㄹ 것 같습니다 -고 싶습니다	해야 할 것 같습니다 하고 싶습니다

13.	어휘	문법	답안
	내시다	-아/어도 괜찮습니다 -아/어도 좋습니다	내셔도 괜찮습니다 내서도 좋습니다

14.	어휘	문법	답안
	신입 회원을 모집하다	-고 있습니다	신입 회원을 모집하고 있습니다

15.	어휘	문법	답안
	돌아보다	-(으)ㄴ 적이 없다	돌아본 적

16.	어휘	문법	답안
	먹어 보다	-고 싶습니다	먹어 보고 싶습니다

17.	어휘	문법	답안
	학생증이 필요하다	-다고 하였습니다 -다고 합니다	학생증이 필요하다고 하였습니다 학생증이 필요하다고 합니다

18.	어휘	문법	답안
	어떻게 하다 무엇을 하다	-아/어야 합니까	어떻게 해야 합니까? 무엇을 해야 합니까?

19.	어휘	문법	답안
	도움이 되다	-았/었으면 합니다 -기를 바랍니다	도움이 되었으면 합니다 도움이 되기를 바랍니다

20.	어휘	문법	답안
	낙서가 있다	-았/었습니다	낙서가 있었습니다

21.	어휘	문법	답안
	시간이 괜찮다	-(으)십니까	시간이 괜찮으십니까?

22.	어휘	문법	답안
	뵙기 힘들다	-(으)ㄹ 것 같습니다	뵙기 힘들 것 같습니다

23.	어휘	문법	답안
	수요일에 봬다	-았/었으면 -(으)려고	수요일에 뵀으면 수요일에 봬려고

24.	어휘	문법	답안
	예약하다	-시기 바랍니다	예약하시기 바랍니다

25.	어휘	문법	답안
	이용하다	-(으)ㄹ 수 있습니까	이용할 수 있습니까?

연습 문제-②

1.

보낸 사람 → 받은 사람	글 내용
외국인 → 한국대학교	수강 신청 관련 문의

	어휘	문법	답안
㉠	입학하다	-게 되어	입학하게 되어
㉡	말씀하다/알리다	-아/어 주시면	말씀해 주시면/알려 주시면

2.

보낸 사람 → 받은 사람	글 내용
외국인 → 시청 사회 복지 선생님	봉사 활동 관련 문의

	어휘	문법	답안
㉠	봉사 활동을 하다	-아/어 왔습니다/ -았/었습니다	봉사 활동을 해 왔습니다/ 봉사활동을 했었습니다
㉡	늘리다/키우다	-(으)ㄹ	늘릴/키울

3.

보낸 사람 → 받은 사람		글 내용	
환영회 관계자 → 학우		신입생 환영회 공지문	
	어휘	문법	답안
㉠	하다	-려고 합니다	하려고 합니다
㉡	주다	-시기를 바랍니다	주시기를 바랍니다

4.

보낸 사람 → 받은 사람		글 내용	
친구 → 수미 씨		병 문안	
	어휘	문법	답안
㉠	공부하다	-(으)라고 했는데	공부하라고 했는데
㉡	푹 쉬시다	-았/었으면	푹 쉬셨으면

5.

보낸 사람 → 받은 사람		글 내용	
외국인 유학생들 → 원장님		교실 변경 요청	
	어휘	문법	답안
㉠	귀가 아프다	-(으)ㅂ니다	귀가 아픕니다
㉡	하다	-아/어야 해서	해야 해서

6.

보낸 사람 → 받은 사람		글 내용	
외국인 → 한국여행사		졸업 여행 문의	
	어휘	문법	답안
㉠	대학교를 졸업하다	-는/-게 된	대학교를 졸업하는/졸업하게 된
㉡	얼마를 예상하다 얼마이다	-아/어야 합니까 -(으)ㅂ니까	얼마를 예상해야 합니까? 얼마입니까?

7.

보낸 사람 → 받은 사람		글 내용	
빅토르 → 한국대학교 도서관		희망 도서 신청 방법 요청	
	어휘	문법	답안
㉠	필독서가 없다	-았/었습니다	필독서가 없었습니다
㉡	어떻게 하다	-아/어야 됩니까	어떻게 해야 됩니까?

8.

보낸 사람 → 받은 사람		글 내용	
링링 → 미숙		감사와 점심 초대	
	어휘	문법	답안
㉠	설명하다	-아/어 주셔서	설명해 주셔서
㉡	시간이 괜찮다	-(으)십니까	시간이 괜찮으십니까?

9.	보낸 사람 → 받은 사람		글 내용	
	엔도 히사노 → 김미경 선생님		진로 문제 문의	
		어휘	문법	답안
	㉠	언제 시간이 괜찮다	-(으)십니까?	언제 시간이 괜찮으십니까?
	㉡	이야기를 하다	-고 싶다	이야기를 하고

10.	보낸 사람 → 받은 사람		글 내용	
	교환학생		한국어 교재 구매	
		어휘	문법	답안
	㉠	구매하다	-기 원합니다 -고 싶습니다	구매하기 원합니다 구매하고 싶습니다
	㉡	해 주시다	-았/었으면 합니다 -아/어 주시기 바랍니다	해 주셨으면 합니다 해 주시기 바랍니다

실전 문제

1.		어휘	문법	답안
	㉠	읽다	-아/어 주셨으면 -아/어 주시면	읽어 주셨으면 읽어 주시면
	㉡	제출하다	-아/어야 하기	제출해야 하기

2.		어휘	문법	답안
	㉠	하다	-아/어야 해서	해야 해서
	㉡	열어주다	-(으)ㄴ다고 합니다	열어준다고 합니다

3.		어휘	문법	답안
	㉠	음식을 만들다	-(으)ㄹ	음식을 만들
	㉡	주다	-시면 좋겠습니다	주시면 좋겠습니다

4.		어휘	문법	답안
	㉠	시청하다	-(으)ㄹ 수 없었습니다	시청할 수 없었습니다
	㉡	알려 주시다	-기 바랍니다	알려 주시기 바랍니다

5.		어휘	문법	답안
	㉠	하다	-아/어 주셔서	해 주셔서
	㉡	시간이 되다	-(으)십니까	시간이 되십니까?

II. 단락의 맥락에 맞게 (   )에 알맞은 말 쓰기

연습 문제-①

(1) 어휘 찾기 연습

1.

어휘	문법	답안
태양을 중심으로 돌고 있다	-다고 주장하다	태양을 중심으로 돌고 있다고 주장했다

2.

어휘	문법	답안
입다	-는	입는

3.

어휘	문법	답안
사람들의 소망을 대신 말해 주다 사람들의 소망이 투영되다 사람들의 소망을 말하다	-는	사람들의 소망을 대신 말해 주는 사람들의 소망이 투영되는 사람들의 소망을 말하는

4.

어휘	문법	답안
이상 기후를 발생시키다 이상 기후를 만들다	-므로	이상 기후를 발생시키므로 이상 기후를 만들므로

5.

어휘	문법	답안
시험이 없다 시험이 사라지다	-아/어서	시험이 없어서 시험이 사라져서

6.

어휘	문법	답안
피해를 주지 않다	-는	피해를 주지 않는

7.

어휘	문법	답안
많은 문제를 해결하다 문제를 해결하다	-아/어 주다	많은 문제를 해결해 문제를 해결해

8.

어휘	문법	답안
승리하다 이기다	-는 데 있다	승리하는 데 있 이기는 데 있

모범 답안

9.	어휘	문법	답안
	뛰어난 존재이다 우월한 존재이다	N(이)라고 하다	뛰어난 존재 우월한 존재

10.	어휘	문법	답안
	가다	-게 하다	가게 했다

11.	어휘	문법	답안
	믿다 신뢰하다	-(으)ㄹ 수 없다	믿을 수 없다 신뢰할 수 없다

12.	어휘	문법	답안
	살을 빼다	-는	살을 빼는

13.	어휘	문법	답안
	개요를 작성하다 개요를 만들다	-(으)라고 하다	개요를 작성하라고 한다 개요을 만들라고 한다

14.	어휘	문법	답안
	훌륭한 논문을 쓰는 사람은 많다	-지 않다	훌륭한 논문을 쓰는 사람은 많지 않다

15.	어휘	문법	답안
	말을 조심하다 말할 때 주의하다	-아/어야 하다	말을 조심해야 한다 말할 때 주의해야 한다

16.	어휘	문법	답안
	하나는 그 사람에게 조용히 하라고 직접적으로 말하다 하나는 직접적으로 조용히 하라고 말하다	-는 것이다	하나는 그 사람에게 조용히 하라고 직접적으로 말하는 것이다 하나는 직접적으로 조용히 하라고 말하는 것이다

17.	어휘	문법	답안
	소극적인 태도로 시도하면 해결될 확률은 낮아진다	-(으)ㄹ 것이다	소극적인 태도로 시도하면 해결될 확률은 낮아질 것이다

18.	어휘	문법	답안
	교육을 받다 교육을 받을 수 있다	-기도 하고	교육을 받기도 하고 교육을 받을 수 있기도 하고

19.	어휘	문법	답안
	전쟁이 사라지다 전쟁이 없어지다	-(으)ㄴ	전쟁이 사라진 전쟁이 없어진

20.	어휘	문법	답안
	폐지하다 없애다	-아/어야 한다고 주장하다	폐지해야 한다고 주장한다 없애야 한다고 주장한다

21.	어휘	문법	답안
	표현하다	-(으)ㄹ 수 있다	표현할 수 있다

22.	어휘	문법	답안
	혐오가 지속되다 혐오가 계속되다	-는	혐오가 지속되는 혐오가 계속되는

23.	어휘	문법	답안
	착륙을 시도하다	-는	착륙을 시도하는

24.	어휘	문법	답안
	혼자 있다	-(으)ㄹ 때	혼자 있을 때

(2) 문법 찾기 연습

1.	어휘	문법	답안
	자기 마음 안에 있다	-는 것이다 -다고 할 수 있다	자기 마음 안에 있는 것이다 자기 마음 안에 있다고 할 수 있다

2.	어휘	문법	답안
	단점을 이야기하다	-(으)려고 하다 -곤 하다	단점을 이야기하려고 한다 단점을 이야기하곤 한다

3.	어휘	문법	답안
	상상력을 키우다	-(으)ㄹ 수 있다	상상력을 키울 수 있다

4.	어휘	문법	답안
	연결되어 있다	-기 때문이다	연결되어 있기 때문이다

5.	어휘	문법	답안
	노래를 부르다	-는 것이 좋다 -아/어야 하다	노래를 부르는 것이 좋다 노래를 불러야 한다

6.	어휘	문법	답안
	퇴고하다	-아/어야 하다	퇴고해야 한다

7.	어휘	문법	답안
	건물을 피해서 달리다	-아/어야 하다	건물을 피해서 달려야 한다

8.	어휘	문법	답안
	당장 시작하지 않고 미루다	하나는 -는 것이다	하나는 당장 시작하지 않고 미루는 것이다

9.	어휘	문법	답안
	부정적으로 생각해 쉬지 않고 일을 하다	-는 것이다	부정적으로 생각해 쉬지 않고 일을 하는 것이다

10.	어휘	문법	답안
	삶의 방향을 알다	-수 있기도 하다	삶의 방향을 알 수 있기도 하다

11.	어휘	문법	답안
	사회가 발전하다	-(으)ㄹ 수 있기 때문이다 -(으)ㄹ 수 있다	사회가 발전할 수 있기 때문이다 사회가 발전할 수 있다

12.	어휘	문법	답안
	글쓰기에서 이러한 반복 과정이 없으면 완성되다	-지 않는다 -기 어렵다	글쓰기에서 이러한 반복 과정이 없으면 완성되지 않는다 글쓰기에서 이러한 반복 과정이 없으면 완성되기 어렵다

13.	어휘	문법	답안
	찾다	-게 하다 -도록 하다	찾게 한다 찾도록 한다

14.	어휘	문법	답안
	건국 신화이다	N(이)라고 하다	건국 신화라고 한다

15.	어휘	문법	답안
	생명체를 남기다	-는 것이라고 하다 -다고 하다	생명체를 남기는 것이라고 한다 생명체를 남긴다고 한다

16.	어휘	문법	답안
	의미에 맞다	-게 -도록	의미에 맞게 의미에 맞도록

17.	어휘	문법	답안
	하는 것은 좋다	-(으)ㄴ 것이 아니다	하는 것은 좋은 것이 아니다

18.	어휘	문법	답안
	전쟁은 가장 비인간적인 행위이다	-기 때문이다	전쟁은 가장 비인간적인 행위이기 때문이다

19.	어휘	문법	답안
	친구들에게 전화하다	-는 것이 좋다	친구들에게 전화하는 것이 좋다

20.	어휘	문법	답안
	주인공을 관찰하다	-아/어야 하다 -는 것이 필요하다	주인공을 관찰해야 한다 주인공을 관찰하는 것이 필요하다

21.	어휘	문법	답안
	금연하다	-(으)라고 하다	금연하라고 한다

22.	어휘	문법	답안
	마시다	-는 것이	마시는 것이

23.	어휘	문법	답안
	참을성이 있다	-게	참을성이 있게

24.	어휘	문법	답안
	열풍이 불다	-고	열풍이 불고

연습 문제-②

1.

① 중심 문장을 찾으세요.	다른 사람과 제대로 된 의사소통을 하려면 말하기보다 듣기가 선행되어야 한다.	
② 사용할 어휘를 주변 문장에서 찾으세요.	㉠	방해하다/ 못 하게 하다
	㉡	알다 / 파악하다
③ 문법 표현을 찾으세요.	㉠	-(으)ㄹ 수도 있다
	㉡	-(으)ㄹ 수 없게 하기
④ 어휘에다가 문법을 적용해서 답안을 쓰세요.	㉠ 방해할 수도 있다 / 못 하게 할 수도 있다	
	㉡ 알 수 없게 하기 / 파악할 수 없게 하기	

2.

① 중심 문장을 찾으세요.	홍수나 산불과 같은 자연재해를 경험한 사람은 외상 후 스트레스 장애로 고통받는다.	
② 사용할 어휘를 주변 문장에서 찾으세요.	㉠	보다 / 목격하다
	㉡	하다
③ 문법 표현을 찾으세요.	㉠	-게 되고 / -게 되면 / -게 되어
	㉡	-(으)ㄹ 수 없다
④ 어휘에다가 문법을 적용해서 답안을 쓰세요.	㉠ 보게 되고 / 목격하게 되고, 보게 되면, 보게 되어	
	㉡ 할 수 없는	

3.

① 중심 문장을 찾으세요.	동물들도 인간들처럼 기쁨, 무서움, 불안 등을 느끼고 있다.	
② 사용할 어휘를 주변 문장에서 찾으세요.	㉠	하다
	㉡	감정을 가지다
③ 문법 표현을 찾으세요.	㉠	-는/ㄴ다고 하다
	㉡	-고 있다-
④ 어휘에다가 문법을 적용해서 답안을 쓰세요.	㉠ 한다고 한다	
	㉡ 감정을 가지고 있다	

4.

① 중심 문장을 찾으세요.	당장 필요 없는 것은 버리는 것은 삶의 지혜이다.	
② 사용할 어휘를 주변 문장에서 찾으세요.	㉠	성공하다 / 성공이다
	㉡	들어오다
③ 문법 표현을 찾으세요.	㉠	-는 것은 아니다 / N인 것은 아니다
	㉡	-(으)ㄹ 수 있다 / -(으)ㄴ다
④ 어휘에다가 문법을 적용해서 답안을 쓰세요.	㉠ 성공하는 것은 아니다 / 성공인 것은 아니다	
	㉡ 들어올 수 있다 / 들어온다	

5.	① 중심 문장을 찾으세요.	이미지 연습이 필요하다.
	② 사용할 어휘를 주변 문장에서 찾으세요.	㉠ 도움을 받다 / 도움이 되다
		㉡ 그렇게 되다
	③ 문법 표현을 찾으세요.	㉠ -ㄴ/는다
		㉡ -는
	④ 어휘에다가 문법을 적용해서 답안을 쓰세요.	㉠ 도움을 받는다 / 도움이 된다
		㉡ 그렇게 되는

6.	① 중심 문장을 찾으세요.	이웃 나라들과의 국제적인 연대와 협력이 필요한 것이다.
	② 사용할 어휘를 주변 문장에서 찾으세요.	㉠ 필요하다 / 필요해지다
		㉡ 해결하다
	③ 문법 표현을 찾으세요.	㉠ -(으)ㄹ 것이다
		㉡ -(으)려면 / -기 위해서는
	④ 어휘에다가 문법을 적용해서 답안을 쓰세요.	㉠ 필요할 것이다 / 필요해질 것이다
		㉡ 해결하려면 / 해결하기 위해서는

7.	① 중심 문장을 찾으세요.	언론은 사회의 부조리와 잘못된 점을 지적해야 할 의무가 있다.
	② 사용할 어휘를 주변 문장에서 찾으세요.	㉠ 판단하다 / 생각하다 / 알다
		㉡ 나아가다
	③ 문법 표현을 찾으세요.	㉠ -(으)ㄹ 것이다
		㉡ -(으)ㄹ 수 있다
	④ 어휘에다가 문법을 적용해서 답안을 쓰세요.	㉠ 판단할 것이다 / 생각할 것이다 / 알 것이다
		㉡ 나아갈

8.	① 중심 문장을 찾으세요.	복권은 놀이로서 즐기되 자신의 삶을 영위하기 위해 경제 생활에 매진하는 것이 좋겠다.
	② 사용할 어휘를 주변 문장에서 찾으세요.	㉠ 평안하다 / 안정이 되다
		㉡ 바라다 / 소원하다
	③ 문법 표현을 찾으세요.	㉠ -아/어지기도 하다
		㉡ -게 되다
	④ 어휘에다가 문법을 적용해서 답안을 쓰세요.	㉠ 평안해지기도 하고 / 안정이 되기도 하고
		㉡ 바라게 되다 / 소원하게 되다

9.	① 중심 문장을 찾으세요.	우리는 일을 잘 하기 위해서는 작은 목표와 세부적인 실행이 필요하다.
	② 사용할 어휘를 주변 문장에서 찾으세요.	㉠ 하나는 작은 목표를 세우다 하나는 세부적인 목표를 세우다
		㉡ 성공하다 / 목표를 이루다
	③ 문법 표현을 찾으세요.	㉠ -고
		㉡ -(으)ㄹ
	④ 어휘에다가 문법을 적용해서 답안을 쓰세요.	㉠ 하나는 작은 목표를 세우고
		㉡ 성공할 / 목드를 이룰
10.	① 중심 문장을 찾으세요.	중심 문장이 없음: 문제를 풀기 위해서는 여러 가지 방법을 시도해야 한다.
	② 사용할 어휘를 주변 문장에서 찾으세요.	㉠ 좋다
		㉡ 풀다 / 해결하다
	③ 문법 표현을 찾으세요.	㉠ -고 하다
		㉡ -지 못한
	④ 어휘에다가 문법을 적용해서 답안을 쓰세요.	㉠ 좋다고 한다
		㉡ 풀지 못한 / 해결하지 못한

실전 문제

1. ㉠ 쉽지 않은 일이다 / 쉬운 일이 아니다
   ㉡ 움직인다 / 움직이고 있다 / 살아 있다

2. ㉠ 믿을 수 없을 것이다 / 신뢰할 수 없을 것이다
   ㉡ 지켜야 한다 / 준수해야 한다

3. ㉠ 좋아지기도 하고 / 나아지기도 하고
   ㉡ 만나지는 못한다 / 만나기 두려워한다 / 만나기 주저한다

4. ㉠ 완성하는 것이다 / 다 쓰는 것이다
   ㉡ 불가능해질 수 있다 / 할 수 없다

5. ㉠ 이루어지지 않을 것이다 / 되지 않을 것이다 / 멈출 것이다
   ㉡ 볼 필요는 없다 / 바라 볼 필요는 없다 / 생각할 필요는 없다

III. 도표와 그래프를 설명하여 쓰기

연습 문제

(1) 조사와 현황 연습

1.
자료의 주제	인주시의 쌀 소비량 변화
조사 기관	인주시 농업연구소
그래프-①의 제목, 연도, 수	인주시의 쌀 소비량, 2004-2024, 8톤-6톤
그래프-②의 제목, 연도, 수	인원수별 쌀 소비 비율, 2004-2024, 1인 가구(20-20%), 2-3인 가구(40-30%), 4인 가구 이상(40-50%)

　　인주시 농업연구소에서는 인주시의 쌀 소비량 변화를 조사하였다. 조사 결과 인주시의 쌀 소비량은 2004년에 8만 톤에서 2024년에는 6만톤으로 감소하였다. 이는 인원수별 쌀 소비 비율이 1인 가구는 2004년에 20%에서 2024년에도 20%로 동일하였고 2~3인 가구는 40%에서 30%로 감소한 반면, 4인 이상 가구는 40%에서 50%로 증가하였기 때문이다.

2.
자료의 주제	반려 동물 양육가구 변화
조사 기관	반려동물 연구소
그래프-①의 제목, 연도, 수	반려동물 양육가구 수, 2010-2024, 300만 가구-600만 가구
그래프-②의 제목, 연도, 수	반려동물별 변동 비율, 2010-2024, 개 (40-50%), 고양이 (20-30%), 기타 동물 (40-20%)

　　반려동물 연구소에서는 반려 동물 양육가구 변화를 조사하였다. 조사 결과, 반려동물 양육가구 수는 2010년에 300만 가구에서 2024년에는 600만 가구로 2배 증가하였다. 이는 반려동물별 변동 비율이 개는 2010년에 40%에서 2024년에는 50%로 증가하였고 고양이도 20%에서 30%로 증가한 반면 기타 동물은 40%에서 20%로 큰 폭으로 감소하였기 때문이다.

3.
자료의 주제	온라인 쇼핑몰 시장의 변화
조사 기관	없음
그래프-①의 제목, 연도, 수	전체 매출액, 2010-2024, 30조 원-120조 원
그래프-②의 제목, 연도, 수	판매 상품에 따른 매출액, 2010-2024, 의류 (15조 원-20조 원), 스마트폰 (10조 원-60조 원)

　　온라인 쇼핑몰 시장의 변화에 대해 조사한 결과, 온라인 쇼핑몰 시장의 전체 매출액은 2010년에 30조 원, 2024년에는 120조 원으로 14년 만에 4배 증가한 것으로 나타났다. 판매 상품에 따른 매출액은 의류의 경우 2010년에 15조 원, 2024년에는 20조 원으로 소폭 증가한 반면, 스마트폰은 2014년에 10조 원, 2024년에는 60조 원으로 매출액이 크 폭으로 증가하였기 때문이다.

4.

자료의 주제	도서 판매 변화
조사 기관	도서 판매 관리위원회
그래프-①의 제목, 연도, 수	도서 총 판매 수, 2015-2023, 7000만 부 - 8000만 부
그래프-②의 제목, 연도, 수	도서 종류에 따른 비율, 2015-2023, 경영 도서 (40-50%), 문학 도서 (30-40%), 종교 도서 (30-10%)

　도서 판매 관리위원회에서는 도서 판매 변화를 조사하였다. 조사 결과 도서 총 판매 수는 2015년에 7,000만 부에서 2023년에는 8,000만 부로 소폭 증가하였다. 이는 도서 종류에 따른 비율이 경영 도서는 2015년에 40%에서 2023년에는 50%로 소폭 증가하였고 문학 도서도 30%에서 40%로 증가하였지만 종교 도서는 30%에서 10%로 큰 폭으로 감소하였기 때문이다.

5.

자료의 주제	인주시의 전동킥보드 사용자 변화
그래프-①의 제목, 연도, 수	전동킥보드 사용자 수, 2020-2022-2024, 3만-20만-60만 명

　인주시의 전동킥보드 사용자 변화를 살펴보면, 전동킥보드 사용자 수는 2020년에 3만 명에서 2022년에는 20만 명, 2024년에는 60만 명으로 지난 4년간 20배 증가하였다.

6.

자료의 주제	부모의 육아 휴직 변화
조사 기관	없음
그래프-①의 제목, 연도, 수	육아 휴직 총원. 2020-2022, 7만-20만 명
그래프-②의 제목, 연도, 수	성별에 따른 육아휴직, 2020-2022, 부 (1만-6만) 모 (6만-14만)

　부모의 육아 휴직 변화에 대해 조사한 결과, 육아 휴직 총원은 2020년에 7만 명, 2022년에는 20만 명으로 2년 만에 대폭 증가한 것으로 나타났다. 이는 성별에 따른 육아 휴직이 부의 경우 2020년에 1만 명, 2022년에는 6만 명으로 6배 증가하였고 모의 경우도 2020년에 6만, 2022년에는 14만으로 약 2배 이상 증가하였 때문이다.

7.

자료의 주제	국내 외국인 유학생 현황
조사 기관	없음
그래프-①의 제목, 연도, 수	유학생 수의 변화, 2009-2020, 7만 명-15만 명

　외국인 유학생 현황을 살펴보면 최근 외국인 유학생이 증가한 것으로 나타났다. 유학생 수는 2009년에 7만 명에서 2020년에는 17만 명으로 2배 이상 증가하였다.

8.

자료의 주제	일회용품 사용 변화
조사 기관	인주시 사회연구소
그래프-①의 제목, 연도, 수	일회용품 사용 수 2009-2020, 370억 개-550억 개
그래프-②의 제목, 연도, 수	종류별 일회용품 사용량, 2009-2020, 일회용컵 191억-294억 개, 비닐봉투 178억 개-256억 개

　　인주시 사회연구소에서는 일회용품 사용 변화를 조사하였다. 조사 결과 인주시의 일회용품 사용 수는 2009년에 270억 개에서 2020년에는 550억 개로 1.4배 증가하였다. 이는 종류별 일회용품 사용량이 일회용컵은 2009년에 191억 개에서 2020년에는 294억 개로 크게 증가하였고 비닐봉투도 178억 개에서 256억 개로 크게 증가하였기 때문이다.

9.

자료의 주제	신재생에너지 보급 현황
조사 기관	없음
그래프-①의 제목, 연도, 수	신재생에너지 생산 비중 추이, 2015-2018-2020, 2-3-4%
그래프-②의 제목, 연도, 수	에너지원별 신재생에너지 생산량, 2020, 바이오 40%, 태양광 25%, 폐기물 10%, 수력 6%, 풍력 5%, 기타 14%

　　신재생에너지 보급 현황에 대해 조사한 결과, 신재생에너지 생산 비중 추이는 2015년에 2%에서 2018년에는 3%으로, 2020년에는 4%로 소폭 증가하고 있다. 에너지원별 신재생에너지 생산량은 2020년을 기준으로 바이오가 40%로 가장 높게 나타났으며 태양광이 25%, 폐기물이 10%, 수력이 6%, 풍력이 5%, 기타가 14%로 그 뒤를 이었다.

10.

자료의 주제	국내 축제 현황
조사 기관	인주시 복지위원회
그래프-①의 제목, 연도, 수	축제 개최의 수, 2004-2009, 500-900회
그래프-②의 제목, 연도, 수	시도별 축제수의 변화, 2004-2009, 서울 (30-120회), 충남 (40-80회) , 경북 (50-40회)

　　인주시 복지위원회에서는 국내 축제 현황을 조사하였다. 조사 결과 축제 개최의 수는 2004년에 500회에서 2009년에는 900회로 1.8배 이상 증가하였다. 시도별 축제수의 변화가 서울은 2004년에 30회에서 2009년에는 120회로 4배 증가하였고 충남도 40회에서 80회로 두 배 증가한 반면에 경북은 50회에서 40회로 소폭 감소하였다.

(2) 원인과 전망 연습

1. 이와 같이 쌀 소비량이 감소한 이유는 20대와 신혼 부부의 쌀 소비량이 감소했기 때문인 것으로 보인다. 이러한 영향이 계속 이어진다면 2040년에는 쌀 소비량이 2024년보다 20% 더 감소할 것으로 전망된다.

2. 반려 동물 양육가구의 이러한 증가의 원인으로 우선 1인 가구가 증가한 것을 들 수 있다. 게다가 독거노인의 증가도 원인으로 보인다. 2035년에는 반려동물 양육가구가 300% 이상이 될 전망이다.

3. 이러한 증가의 원인으로 우선 온라인으로 편리하게 상품을 구매할 수 있기 때문인 것으로 보인다. 또한 의류보다 스마트폰이 저렴한 것도 원인으로 보인다.

4. 도서 판매가 이와 같이 감소한 원인은 성공을 소망하는 20대가 증가하고 종교인 수가 감소했기 때문이다. 이러한 영향이 계속 이어진다면 2030년에는 문학 도서가 30% 이상 급감할 것으로 보인다.

5. 인주시의 전동킥보드 사용자의 변화 이유는 다음과 같다. 첫째, 기기 자체가 편리하다. 다음으로 급한 사정이 있을 때 사용할 수 있다.

6. 이러한 증가 원인으로 정부의 출산 장려를 들 수 있다. 그리고 부모의 육아 휴직 급여 수령 증가도 원인으로 보인다.

7. 이러한 증가의 원인으로 우선 한국어와 한국학에 대한 관심이 높아졌다는 것을 들 수 있다. 그리고 한국 대학 졸업 이후 많아진 성공 사례도 원인으로 보인다. 이러한 영향이 계속 이어진다면 2030년에는 외국인 유학생이 50만 명에 이를 것으로 전망된다.

8. 이와 같이 일회용품 사용이 감소한 원인은 배달 음식 시장이 급격히 성장했고 일회 용품 규제의 완화를 들 수 있다. 일회 용품의 사용량이 2030년에는 현재보다 40% 감소할 것으로 예상된다.

9. 이러한 증가의 원인은 친환경적이며 지속적으로 사용 가능한 에너지이기 때문인 것으로 보인다. 또한 태양광보다 바이오가 근접 개발성이 뛰어나기 때문인 것으로 보인다.

10. 이와 같이 증가한 원인은 볼거리와 먹을 거리가 많고 체험 요소도 많아지고 있기 때문인 것으로 보인다. 앞으로 다양한 축제의 개최가 증가할 것으로 전망된다.

실전 문제

1. 인구 연구회에서는 국내 기대 수명을 조사하였다. 조사 결과 국내 기대수명 추이는 2010년에 80세에서 2020년에는 83세로 약 1.8배 증가하였다. 이는 성별 기대수명 추이를 보면 남자는 2010년에 77세에서 2020년에는 80세로 증가하였고 여자도 83세에서 86세로 증가하였음을 알 수 있다. 이러한 변화의 원인은 의학 기술이 급격히 발전하고 병 치료 기회도 높아졌기 때문인 것으로 보인다. 2030년에는 기대 수명 평균이 86세 이상이 될 전망이다.

2. 한국신문에서는 스마트폰 사용 시간 변화를 조사하였다. 조사 결과 스마트폰 평균 사용 시간은 2015년에 2시간 20분에서 2020년에는 4시간으로 약 1.7배 증가하였다. 이는 사용하는 앱에 따른 비율이 게임/음악 앱은 2015년에 36%에서 2020년에는 50%로 대폭 증가하였고 SNS/메신저 앱도 35%에서 40%로 소폭 증가한 반면에 뉴스 앱은 19%에서 10%로 감소하였기 때문이다. 이러한 변화는 게임으로 기쁨을 찾는 사람들이 많아지고 빠른 연락을 원하는 사람들도 증가했기 때문인 것으로 보인다. 2035년에는 스마트폰 생활화가 90% 이상이 될 전망이다.

3.

외국인 유학생 수 변화에 대해 조사한 결과 외국인 유학생 수는 2014년에 10만 명, 2018년에 14만 명으로 4년 만에 크게 증가한 것으로 나타났다. 외국인 유학생의 졸업 후 진로는 취업이 2014년에 10%, 2018년에는 24%로 대폭 증가하였고 진학도 5%에서 10%로 소폭 증가하였다. 이와 같이 외국인 유학생 수의 변화의 원인은 졸업 후 취직의 가능성이 높아졌고 진학보다 취업이라는 경제적 활동 우선이라는 원칙이 있었기 때문인 것으로 보인다.

외국인 유학생 수 변화에 대해 조사함 결과 외국인 유학생 수는 2014년에 10만 명, 2018년에 14만 명으로 4년 만에 크게 증가한 것으로 나타났다. 외국인 유학생의 졸업 후 진로는 취업이 2014년에 10%, 2018년에는 24%로 대폭 증가하였고 진학도 5%에서 10%로 소폭 증가하였다. 이와 같이 외국인 유학생 수의 변화의 원인은 졸업 후 취직의 가능성이 높아졌고 진학보다 취업이라는 경제적 활동 우선이라는 원칙이 있었기 때문인 것으로 보인다.

4. 인주시의 수영장 이용자 변화를 살펴보면, 수영장 이용자 수는 2015년 10만 명에서 2018년 17만 명, 2023년에는 25만 명으로 지난 8년간 약 2.5배 증가하였다. 특히, 2018년부터 2023년까지 수영장 이용자 수가 상대적으로 더 많이 증가한 것으로 나타났다. 이와 같이 수영장 이용자 수가 증가한 이유는 초등학교에서 수영 교실이 의무화되고 수영장이 5곳 개설되었기 때문인 것으로 보인다. 수영장 이용 목적을 보면, 8년간 운동 및 건강은 5배, 위급 상황 연습은 10배, 기타는 3배가 증가한 것으로 나타났다.

5. 인주시의 중고거래 시장의 변화를 조사한 결과 중고거래 시장의 전체 매출액은 2018년에 150억 원, 2023년에는 300억원으로 5년 만에 두 배로 크게 증가한 것으로 나타났다. 중고 물품에 따른 매출액은 전자/통신기기의 경우 2018년에 30억 원, 2023년에 120억 원으로 대폭 증가한 반면 가정 용품은 2018년 40억 원, 2023년 50억 원으로 소폭 증가하였다. 이와 같이 중고거래 시장이 변화한 원인은 좋은 상품을 저렴한 가격에 구입이 가능하고 가정 용품보다 전자/통신기기에 대한 관심이 증대되었기 때문인 것으로 보인다.

6. 인주시의 독거 노인 수 변화를 조사한 결과 인주시의 독거 노인 수는 2000년에 5만 명이었는데 2020년에는 10만 명으로 20년 만에 2배 증가한 것으로 나타났다. 이렇게 인주시의 독거 노인 수가 증가한 원인은 의학 기술이 발달하여 사람의 평균 수명이 연장되었고 젊은이들의 노인 부양 의식이 낮아졌기 때문인 것으로 보인다. 2030년에는 독거 노인이 20만 명에 달할 것으로 전망된다.

      인주시의 독거 노인 수 변화를 조사한 결과 인주시의 독거 노인 수는 2000년에 5만 명이었는데 2020년에는 10만 명으로 20년 만에 2배 증가한 것으로 나타났다. 이렇게 인주시의 독거 노인 수가 증가한 원인은 의학 기술이 발달하여 사람의 평균 수명이 연장되었고 젊은이들의 노인 부양 의식이 낮아졌기 때문인 것으로 보인다. 2030년에는 독거 노인이 20만 명에 달할 것으로 전망된다.

7. 인주시 건설연구소에서는 인주시 주거 형태 변화를 조사하였다. 조사 결과 인주시의 주거 건물 수는 2015년에 45만 채에서 2022년에는 70만 채로 약 1.5배 증가하였다. 이는 건물 종류별 비율이 아파트가 2015년에 15만 채에서 2022년에는 35만 채로 크게 증가하였고 연립주택이 20만 채에서 25만 채로 소폭 증가한 반면 단독 주택은 10만 채에서 10만 채로 변화가 없었기 때문이다. 이러한 변화는 젊은 부부가 인주시로 많이 이주했고 사람들이 아파트를 다른 건물보다 선호했기 때문인 것으로 보인다. 2028년에는 아파트 건설이 증가할 것으로 전망된다.

8. 인주시의 운전면허 취득자 추이를 살펴보면 인주시의 운전면허 취득자 수는 2015년에 5만 명, 2020년에 8만 명, 2023년에는 10만 명으로 8년간 2배 증가하였다. 특히, 2020년부터 2023년까지 운전면허 취득자 수가 많았던 것으로 나타났다. 이와 같이 운전면허 취득자 수가 증가한 이유는 대중교통 이용이 복잡하고 자가 운전이 경제적이었기 때문인 것으로 보인다. 인주시의 운전면허 취득 목적을 보면, 8년간 출퇴근은 3배, 레저용은 7배, 기타는 2배 늘어난 것으로 나타났으며, 레저를 하기 위한 것이 취득의 가장 높은 증가율을 보였다.

　　　　인주시의 운전면허 취득자 추이를 살펴보면 인주시의 운전면허 취득자 수는 2015년에 5만 명, 2020년에 8만 명, 2023년에는 10만 명으로 8년간 2배 증가하였다. 특히, 2020년부터 2023년까지 운전면허 취득자 수가 많았던 것으로 나타났다. 이와 같이 운전면허 취득자 수가 증가한 이유는 대중교통 이용이 복잡하고 자가 운전이 경제적이었기 때문인 것으로 보인다. 인주시의 운전면허 취득 목적을 보면, 8년간 출퇴근은 3배, 레저용은 7배, 기타는 2배 늘어난 것으로 나타났으며, 레저를 하기 위한 것이 취득의 가장 높은 증가율을 보였다.

9.

인주시 기후연구소에서는 인주시 기후 이상 변화를 조사하였다. 조사 결과 인주시의 기후 변화 수는 2018년에 15만 건에서 2022년에 27만 건으로 약 1.8배 급증한 것으로 나타났다. 이는 재해별 비율이 홍수가 2018년에 35%에서 2022년에는 50%로 증가하였고 산불도 30%에서 40%로 소폭 증가한 반면 폭설은 30%에서 10%로 대폭 감소했기 때문이다. 이러한 변화는 지구 온난화가 지속되고 있고 이산화탄소 사용이 증가했기 때문인 것으로 추측된다. 2030년에는 기후 이상과 재해가 60% 이상 증가할 것으로 보인다.

10. 인주시 도서관위원회에서는 인주시 도서관 이용자 변화를 조사하였다. 그 결과 인주시의 도서관 이용자 수는 2018년에 10만 명, 2020년에 12만 명, 2022년에는 20만 명으로 4년 만에 약 두 배로 증가하였다. 이러한 변화 이유는 도서관의 장서가 증가하였고 도서관에서 하는 문화 행사가 다양해졌기 때문인 것으로 보인다. 도서관의 이용 목적은 2018년부터 2022년까지 도서 대여는 3배 증가하였고, 컴퓨터 작업은 7배로 급증하였으며 기타는 2배 증가하였다. 컴퓨터 작업이 가장 크게 증가하였으므로 이에 대한 도서관의 배려가 있어야 할 것이다.

　　인주시 도서관위원회에서는 인주시 도서관 이용자 변화를 조사하였다. 그 결과 인주시의 도서관 이용자 수는 2018년에 10만 명, 2020년에 12만 명, 2022년에는 20만 명으로 4년 만에 약 두 배로 증가하였다. 이러한 변화 이유는 도서관의 장서가 증가하였고 도서관에서 하는 문화 행사가 다양해졌기 때문인 것으로 보인다. 도서관의 이용 목적은 2018년부터 2022년까지 도서 대여는 3배 증가하였고, 컴퓨터 작업은 7배로 급증하였으며 기타는 2배 증가하였다. 컴퓨터 작어이 가장 크게 증가하였으므로 이에 대한 도서관의 배려가 있어야 할 것이다.

Ⅳ. 주제 및 질문에 맞게 글쓰기

연습 문제

(1) 한 단락 쓰기 연습

1.
중심문장	문제들이 발생하고 있는 현대 사회에서 공감력은 필요하다.
뒷받침문장	먼저, 공감력은 다른 사람의 입장에서 생각하고 느끼므로 필수적이다. 학업에서나 업무에서 원활한 수행이 가능하다. 또한 공감력은 다른 사람의 말을 경청하게 하므로 필요하다. 다른 사람을 이해할 수 있다.

2.
중심문장	최첨단 기술이 요구되는 현대 사회에서 과학을 교육해야 한다.
뒷받침문장	우선, 과학 교육은 현상에 대한 실험, 분석을 해 보게 한다. 객관적인 데이터를 알게 되고 과학적인 방법도 익히게 된다. 다음으로, 증거에 입각한 과학적 사고 방식 때문에 과학 교육이 필요하다. 현대에 널리 퍼진 가짜 뉴스는 증거에 바탕한 과학적 사고 방식이 없기 때문이다. 따라서 과학적 사고 방식으로 가짜 뉴스를 치료한다.

3.
중심문장	해결해야 할 문제가 산적해 있는 현대 사회에서 집중력은 우리에게 문제를 해결할 수 있게 해 준다.
뒷받침문장	먼저, 집중력은 목표를 가지고 몰두하게 한다. 이루고 싶은 목표가 있으므로 몰두할 수 있고 성취한다. 그리고 집중력은 환경과 관계없이 집중하게 돕는다. 이렇게 함으로써 언제 어디서나 과제에 집중할 수 있다.

4.
중심문장	1인 가구가 많아지고 고독을 느끼는 현대인에게 반려 동물은 필수적이라고 말할 수 있다.
뒷받침문장	우선, 반려동물은 인간의 친구가 된다. 같은 공간에서 감정을 나누고 산책을 하면서 같이 운동을 할 수 있다. 정신적으로 신체적으로 건강해진다. 또한, 반려동물과 사람은 위로를 서로 주고 받는다. 힘든 세상일에서 반려동물을 대하면 서로에게 기쁨을 줄 수 있다.

모범 답안

5.	중심문장	포화된 지구라는 공간에서 벗어나 대안 공간을 마련할 수 있으므로 우주 개발은 중요하다.
	뒷받침문장	우선, 우주 개발은 무인, 유인 우주선이 태양계의 행성에 가서 공간을 마련하게 한다. 인간은 이러한 공간에서 새롭게 살 수 있는 가능성을 찾을 수 있다. 다음으로, 우주 개발은 기술 개발을 할 수 있도록 돕는다. 최첨단 우주선을 만들기 위해서는 기술 개발이 필수적이다. 우주 개발은 단순히 우주 여행 차원뿐만 아니라 인간의 삶도 풍요롭게 만든다.
6.	중심문장	이와 같이 책임감은 사람과 업무에 끝까지 함께 하므로 책임감을 가지고 있을 때 다양한 성과를 얻을 수 있다.
	뒷받침문장	먼저, 책임감을 가지고 있으면 인간관계에서 신뢰를 얻을 수 있다. 인간관계에서 신뢰란 책임감이 그 원천이 된다. 또한 책임감을 갖고 있음으로써 학생은 학업에서 직장인은 업무에서 자기의 일을 예측하고 성취할 수 있다.
7.	중심문장	이렇듯 토론 능력은 민주주의 정신을 구현해 낼 수 있으므로 토론에 자주 참여했을 때 여러 성과를 얻을 수 있다.
	뒷받침문장	우선, 토론 능력은 문제에 대해 주도적으로 해결할 수 있는 방법을 제시할 수 있다. 이렇게 해서 자기 주도적인 삶을 영위할 수 있고 소속된 모임에도 긍정적인 도움을 줄 수 있다. 뿐만 아니라 민주적 의사결정 과정을 배워 서로의 의견을 교환하고 결정할 수 있다.
8.	중심문장	이처럼 외국인을 위한 문학 교육은 한국적인 것을 알 수 있게 하므로 문학 작품을 읽음으로써 다양한 성과를 얻을 수 있다.
	뒷받침문장	먼저, 한국 문학작품을 읽음으로써 자연스러운 한국어를 익힐 수 있다. 한국 소설의 경우, 의성어나 의태어, 관용어 등을 소설 맥락에서 자연스럽게 익힐 수 있다. 아울러 한국 사상과 문화를 알게 된다. 나아가 한국의 불교, 유교 등의 사상과 전통적인 여러 문화도 쉽게 알 수 있다.
9.	중심문장	논리력을 기르기 위해서는 질문과 정확한 말하기 등의 여러 노력이 필요하다.
	뒷받침문장	논리력을 기르기 위해서는 먼저 학교에서 교사는 학생들이 생각을 표현할 수 있도록 질문해야 한다. 학생들은 질문을 받으면 대답해야 하기 때문에 논리적으로 생각을 할 수밖에 없다. 또한 부모는 집에서 아이가 정확하게 말할 수 있도록 도움을 주어야 한다. 마지막으로 글을 쓸 때 학생은 주장만 쓰는 것이 아니라 이유와 근거까지 모색하는 노력을 기울여야 한다.

10.	중심문장	한국어 학습자의 글쓰기 능력을 기르도록 돕기 위해서는 다각적인 노력이 필요하다.
	뒷받침문장	먼저, 학교에서는 한국어 학습자가 쓰고 싶은 내용이 무엇인지 말하게 해야 한다. 이렇게 학습자 스스로 자기가 쓸 것을 말하게 하여 쓸 내용을 정리할 수 있는 기회를 준다. 또한 학습자가 계획 없이 글을 쓰는 것이 아니라 개요를 적어보게 한다. 몇 번의 시행착오를 거쳐 좋은 개요를 가지고 글을 쓰게 한다. 마지막으로 글쓰기의 내용에 대한 어휘력을 신장하도록 언제 어디서나 모르는 어휘가 나오면 효율적으로 익힐 수 있도록 도움을 준다.
11.	중심문장	사회성을 신장하기 위해서는 자존감의 발견과 정기적인 활동 등 다양한 노력이 필요하다.
	뒷받침문장	우선, 자기 자신에 대한 자존감을 지녀야 한다. 이러한 마음을 지녀야 다른 사람 앞에 당당히 설 수 있다. 다음으로 친구들을 정기적으로 만남으로써 자연스럽게 사회성이 커 나갈 수 있다. 나아가 목적 없는 만남이 아니라 목표를 가지고 다른 사람들과의 만남을 통해 사회성이 신장될 수 있다.
12.	중심문장	합리적인 소비 습관을 기르기 위해서는 소비에 대한 자기 습관을 점검하는 노력이 필요하다.
	뒷받침문장	먼저, 합리적인 소비 습관을 들이려면 자기의 지금까지의 소비 습관을 확인해야 한다. 그렇게 해서 과소비나 충동 구매 등의 잘못된 습관을 반성해야 한다. 그리고 당장 소비를 하게 될 때는 소비의 목표를 분명히 정해야 한다. 목표가 분명하지 않으면 쓰지도 않게 될 물건을 사게 된다. 마지막으로, 지불을 미루게 되는 할부 사용은 지양해야 한다. 이자가 생각보다 많이 나오기 때문이다.
13.	중심문장	상상력을 기르기 위해서는 생각과 규칙의 경계를 생각하지 않고 다양한 생각 노력이 필요하다.
	뒷받침문장	우선, 상상력을 신장하기 위해서는 생각의 경계를 없애도록 스스로에게 엉뚱한 질문을 해야 한다. 어찌 보면 바보같은 질문에서 새로운 상상이 태어날 수 있다. 또한 규칙을 없애고 생각하게 해야 한다. 규칙은 선이고 더 이상 나아가지 못하게 하는 한계이다. 한계가 없어야 완전히 새로운 경지에 도달할 수 있다. 나아가 엉뚱한 생각을 하게 하고 말할 수 있도록 해야 한다.

14.	중심문장	동물 실험은 인간의 질병을 치료할 수 있다는 장점이 있다.
	뒷받침문장	먼저, 동물 실험의 큰 장점은 암 등과 같은 인간의 난치병을 고칠 수 있다는 것이다. 또 다른 동물 실험의 장점은 동물 실험을 통해 인간 질병을 위한 약을 제조할 수 있게 한다는 것이다.
15.	중심문장	1인 가구는 사람이 혼자 살면서 자유를 만끽한다는 긍정적 영향이 있다.
	뒷받침문장	우선, 심리적인 면에서, 1인 가구의 장점은 1인 가구가 혼자 살기 때문에 독립적이고 자유롭다는 것이다. 갈등 있는 가족이 없고 온전히 자기 자신을 위해 시간을 낼 수 있다. 다음으로, 경제적인 면에서 경제적인 문제 때문에 염려할 필요가 없다는 긍정적인 점도 있다. 여러 가족과 있으면 경제적인 문제가 생길 수밖에 없는데 1인 가구는 거기에서 허방될 수 있다.
16.	중심문장	그러나 저출산이 진행되면 인구가 줄어들고 사회적인 연대감도 감소한다는 문제점이 있다.
	뒷받침문장	먼저, 저출산은 인구 감소의 주된 원인이 된다. 이로 인해 경제적 발전이나 군사적 보호가 불가능할 수도 있다. 또한 인구가 적어짐에 따라 사회적인 연대감도 줄어들게 된다. 이러한 현상은 사회적인 분위기에 부정적인 영향을 미칠 수 있다. 나아가 저출산으로 도시와 지방의 인구 격차가 심해진다. 이렇게 되면 국가의 균형 발전에 이르지 못하게 된다.
17.	중심문장	하지만 유행은 개성이 사라지고 과소비를 하게 된다는 문제점이 있다.
	뒷받침문장	우선, 유행은 자기만의 개성은 포기하고 여러 사람들과 비슷한 사람처럼 살게 된다. 이로 인해 자기만의 독특한 성격, 외모, 취미 등을 나타내지 못할 수 있다. 또한 경제적으로 보면, 유행을 추구하다 보면 돈을 많이 쓰게 되어 정작 필요한 곳에는 돈을 사용하지 못할 수도 있다.
18.	중심문장	육식의 장점에도 불구하고 위의 문제점을 고려하였을 때 육식을 하는 것이 적절하지 않다고 생각한다.
	뒷받침문장	먼저, 채식은 식물성 음식을 통해서 여러 에너지원을 흡수할 수 있다. 물론 육식도 채식에서 얻을 수 없는 에너지원을 얻을 수 있다. 하지만 채식만으로도 인간의 에너지원을 충분히 얻을 수 있다. 또한 환경의 측면에서 보더라도 채식이 육식보다 좋은 방법이라고 본다. 육식으로 인해 가축을 키우려면 환경 문제가 발생하게 된다. 이러한 이유로 채식하는 것을 적극적으로 찬성한다.

19.	중심문장	대기업 근무는 봉급과 업무의 측면에서 훌륭하므로 대기업 근무가 좋다고 본다.
	뒷받침문장	우선, 대기업 근무는 안정감을 주고 높은 연봉을 받을 수 있다. 물론 이러한 좋은 근무 조건을 얻기 위해서는 경쟁이라는 조건을 만나게 되어 스트레스를 받을 수는 있지만 절대적인 요소는 아니다. 적은 스트레스는 생존의 큰 무기가 될 수도 있다. 또한 대기업 근무는 회사 시스템을 통해 업무를 체계적으로 배울 수 있다. 이러한 장점은 다른 기업에서 얻기 힘든 근무 조건이 된다.
20.	중심문장	수업 시간에 스마트폰 이용은 효율적인 수업 진행을 할 수 있어 찬성한다.
	뒷받침문장	먼저, 스마트폰은 정보를 쉽고 빠르게 접할 수 있다. 특히, 수업 시간에 스마트폰을 이용하면 수업 내용에서 어려웠던 점을 신속하게 확인하여 수업 내용의 진도를 따라갈 수 있다. 뿐만 아니라 현대인이 겪는 스트레스를 스마트폰에서 화면을 보거나 노래를 듣거나 게임을 함으로써 없앨 수 있는 장점이 있다. 물론 오랜 시간의 스마트폰 이용은 중독에 이르게 될 뿐만 아니라 눈도 피로해지는 등 건강에 문제가 생길 수 있는데, 이는 개인이 스마트폰에 대한 절제를 가지면 될 것이다. 따라서 수업 시간에 스마트폰 이용은 단점보다 장점이 많기 때문에 이용되어야 한다고 본다.
21.	중심문장	인터넷 중독은 정보를 과도하게 소유하려는 욕망에서 시작되었다.
	뒷받침문장	현대인은 인터넷 이용으로 인해 원하는 정보를 신속하게 얻을 수 있게 되었다. 이는 불필요한 정보 이용으로 확장되면서 원하는 모든 정보의 소유가 가능해진 것이다. 나아가 이러한 정보 소유는 과도한 집착이나 충동적인 행동으로 이어져서 인터넷 중독 문제가 양산되고 있다.
22.	중심문장	우리 사회의 여러 문제로 인해 저출산 문제가 생기게 되었다.
	뒷받침문장	이는 경제적인 격차가 커지고 육아 휴직 등 여성들에 대한 스트레스 증가 등이 주요 원인이 되었다. 나아가 고령화도 증가하고 있어서 저출산 문제는 사회 구조를 바꾸는 중요한 계기가 되고 있다.
23.	중심문장	집중력 저하는 여러 사회 문제를 야기한다.
	뒷받침문장	집중력 저하는 현대인으로 하여금 학습 장애, 결정력 부족 및 작업 능률 저하를 초래하게 한다. 또한 집중력 저하는 정신적인 문제도 확산하고 수면 장애를 야기하기도 한다. 나아가 집중할 수 있는 능력이 없어 문제 해결을 하지 못하게 하기 때문에 심각한 개인 및 사회 문제를 발생시킬 수도 있다.

24.	중심문장	음주 운전은 사회와 운전자에게 여러 문제를 만들어낸다.
	뒷받침문장	음주 운전은 교통 안전을 저해함은 물론 타인에 대한 부상에 이르게 하고 심하면 사망을 초래하게 하는 위험한 행동이다. 또한 음주 운전은 음주운전자의 재산 손실 은 물론 자신의 명예를 훼손한다. 나아가 음주 운전이 습관성이 되면 반드시 사고가 나고 타인에게 피해를 끼치기 때문에 멈추어야 할 심각한 사회적 문제라고 말할 수 있다.
25.	중심문장	은둔형 외톨이 문제는 정부, 가족, 의사가 도와야 한다.
	뒷받침문장	은둔형 외톨이 문제를 해결하기 위해서는 우선 제도적으로 은둔형 외톨이를 경험하고 있는 사람들을 위한 지원 프로그램을 마련해야 한다. 또한 가족과 친구가 우선적으로 은둔형 외톨이를 이해하고 의사소통하여 도움을 주는 것도 필요하다. 나아가 정신건강 전문가와의 만남도 진행하여 실제적인 도움을 주는 것도 좋은 방법이다.
26.	중심문장	음식 중독을 해결하려면 자신의 이해에서 출발해야 한다.
	뒷받침문장	커피나 단 음식과 같은 특정한 음식 중독을 해결하기 위해서는 우선 자신의 몸에 맞는 건강한 음식이 무엇인지 알아야 한다. 몸에 좋은 음료수와 채소를 구비하여 섭취하는 것이 좋다. 또한 새로운 요리법을 통하여 맛있고 몸에 좋은 음식을 개발해 보는 것도 필요하다. 나아가 긴장된 생활을 잊을 수 있는 명상과 같은 자신만의 방법을 만들어서 특정한 음식을 찾게 되는 원인을 줄이는 것도 좋은 방법이 될 것이다.

(2) 두 단락 쓰기 연습

1.	이유	중심문장	1인 가구의 확산 등 개별화되기 쉬운 현대에 사람들이 서로 의지하여 일을 성취할 수 있게 한다는 점에서 협동은 필요하다.
		뒷받침문장	먼저, 협동은 사람들이 서로 힘을 합쳐 일을 하는 작용을 한다. 개인이 할 수 있는 일은 작거나 적을 수밖에 없는데 개인들이 모여서 힘을 모은다면 큰 일 또는 많은 일을 쉽게 해 낼 수 있다. 또한 협동은 서로가 지향하는 목표에 신속하게 다가설 수 있게 돕는다.
	성과	중심문장	이렇듯 협동은 힘을 합쳐 목표를 신속하게 갈 수 있게 하므로 다양한 성과를 얻을 수 있다.
		뒷받침문장	우선, 협동을 통하여 과제나 업무를 성공적으로 이룰 수 있다. 우리 앞에 맡겨진 과제나 업무는 쉽지 않지만 다른 사람들과 협동한다면 반드시 성공할 수 있다. 나아가 협동은 성공의 방법으로서 효율적인 아이디어를 손쉽게 만들어 낼 수 있고 서로가 힘을 주기 때문에 실천하기도 어렵지 않다.

2.

이유	중심문장	노년기는 인간이 자기의 삶을 되돌아보고 정리하고 다시 도전할 수 있는 시기라는 점에서 매우 중요하다.
	뒷받침문장	먼저, 노년기는 자기의 삶을 되돌아보고 정리하는 시기이다. 물론 감상에 젖거나 과거에 산다는 말이 아니라 살아 있는 나날들을 위해서 지난 날들을 확인해 볼 수 있는 시기라는 말이다. 다음으로 노년기는 부정적인 감정과 약해지는 육체가 힘들게 하지만 이를 극복하고 새로운 일에 도전할 수 있는 시기이다.
특징	중심문장	노년기에는 정신적, 신체적, 사회적 특징이 있다.
	뒷받침문장	먼저, 노년기는 긍정적인 감정들보다는 부정적인 감정들이 생기는 경우가 많다. 화가 난다거나 우울해진다거나 하는 감정들이 갑자기 생기는 경우가 많으므로 이럴 때는 주위의 사람들에게 도움을 청하는 것이 좋다. 또한 신체적으로도 몸이 약해지고 다치거나 아픈 경우가 생긴다. 젊을 때와는 다르게 발생하는 이러한 증상은 사람을 소극적으로 만들지만 적극적으로 건강할 수 있는 방법을 찾는 것이 좋다. 나아가 노년기는 사회에서 은퇴하는 경우가 많으므로 은퇴후에 무슨 일을 해야 하는지를 정해야 한다. 일을 하면서 사람들과 어떠한 유대관계를 맺을지도 결정해야 한다.

3.

이유	중심문장	각박하고 자기 자신만 아는 사람이 증가하는 오늘날 현대 사회에서 나누는 삶은 참으로 중요하다.
	뒷받침문장	우선, 나누는 삶은 나누는 사람과 나누어 갖는 사람 모두에게 삶의 기쁨을 준다. 나누는 사람은 나누어서 기쁘고 나눔을 받는 사람은 받아서 기쁘다. 뿐만 아니라 나누는 삶은 현대 사회의 공동체성을 확인하고 지속시켜 줄 수 있으므로 중요하다. 인간은 사회적인 동물이고 모두 공동체에 소속해 있다. 나누는 삶은 이러한 공동체성을 실천으로서 보여주고 서로에게 관심을 가지는 것이야말로 삶을 이루는 중요한 목표라는 사실을 일깨워준다.
이유	중심문장	이렇듯 나누는 삶은 중요하지만 현대인들은 힘든 현실을 살다 보면 나눔이 잘 안될 때가 많다.
	뒷받침문장	먼저, 현대인들은 과제나 업무로 인해 항상 바빠 다른 사람을 돌보거나 돌아볼 틈이 없다. 자기의 경제적 성공과 명예를 얻기 위해서 힘들게 살아간다. 다음으로, 나눔은 사랑의 실천인데, 이에 대한 연습을 한 경우가 많지 않다. 이럴 때는 이타적인 행위를 권해야 하는데 이런 방식도 강제로 되는 것이 아니라서 쉽지 않다.

4.	장점	중심문장	현대에 필수적인 소셜 미디어는 사람들이 연결할 수 있다는 장점이 있다.
		뒷받침문장	우선, 소셜미디어는 사람들을 시간과 공간에 관계없이 연결할 수 있다는 것이다. 언제 어디서나 다른 사람들과 이야기할 수 있고 정보를 나눌 수 있으며 찬성과 반대를 표할 수 있다. 또한 세계인과 더불어 실시간으로 글로벌 문제를 공유하고 해석하며 실천할 수 있다. 특히, 위급한 재해 상태에서 큰 도움을 서로 주고 받을 수 있다. 나아가 소셜미디어를 통해 사람들은 자기의 관심사에 맞는 모임을 만들어서 서로 공부하고 나눌 수 있다.
	문제점	중심문장	그러나 소셜 미디어가 연결이라는 큰 장점이 있는데도 불구하고 부정적인 영향을 끼친다는 문제점도 지니고 있다.
		뒷받침문장	먼저, 소셜 미디어를 통해서 가짜 뉴스가 확산될 수 있다. 인터넷과 소셜 미디어가 많아지는 지금 정보가 넘쳐나는데, 그 중에는 가짜인 경우도 상당히 많다. 어떤 사람들은 이러한 가짜 뉴스를 진짜 뉴스로 알고 실천에 옮기기도 한다. 뿐만 아니라 사람들은 소셜 미디어를 사용함으로써 여기에 집착하여 현실과 구분하지 못하게 되는 경우도 생긴다. 심지어는 범죄까지 저지르게 되는 경우도 있다.
5.	긍정적인 영향	중심문장	재택근무의 장점은 인터넷이 발달함에 따라 일을 집에서 효율적으로 운용할 수 있다는 데에 있다.
		뒷받침문장	먼저, 재택근무는 언제 어디서나 일에 집중할 수 있다. 시간과 장소에 구애되지 않고 맡은 업무에 집중할 수 있게 한다. 또한 재택근무는 근무할 때 상사나 동료로부터 느껴지는 스트레스로부터도 해방될 수 있다. 편안한 기분으로 일에 집중할 수 있다. 나아가 재택근무는 육아를 할 경우, 업무와 육아를 동시에 할 수 있다는 것도 큰 장점이다.
	부정적인 영향	중심문장	반면에 재택근무는 제대로 된 근무가 불가능하다는 문제점도 있다.
		뒷받침문장	첫째, 재택근무는 긴장감이 줄어 업무를 제대로 못하는 경우도 있다. 어느 정도 긴장이 있어야 일을 해 나갈 수 있는데 재택근무는 그렇지 못하다는 것이다. 둘째, 재택근무는 상사와 동료와의 의사소통이 비대면 상황에서 하는 것이므로 세심한 업무 지시기 불가능할 때가 생긴다. 마지막으로, 재택근무는 회사와 상사가 직원을 통제할 수 없기 때문에 문제가 생길 수 있다.

6.	이유	중심문장	정보가 쏟아지는 현대 사회에서 문학 작품은 인간과 사회 그리고 문화에 대한 깊은 이해를 할 수 있게 하기 때문에 알아야 한다고 본다.
		뒷받침문장	먼저, 문학 작품은 인간과 사회 그리고 문화를 이해하도록 돕는다. 예를 들어, 소설 작품의 경우, 허구의 이야기이지만 그 속에서 느껴지는 여러 인간들을 바라볼 수 있고 그 사회를 비판적으로 평가할 수 있으며 작품 속에 있는 여러 문화도 이해할 수 있다. 또한 문학 작품의 주제와 가치를 파악함으로써 현재 사회의 가치, 독자의 가치를 비교하면서 깊은 통찰을 할 수 있다.
	성과	중심문장	문학 작품을 통해서 우리는 문학 작품의 해석 능력, 감상 능력 등을 배울 수 있다.
		뒷받침문장	우선, 문학 작품을 읽으면서 문학 작품이 무엇을 뜻하는지 어떻게 해석해야 하는지를 확인하면서 그 능력을 신장할 수 있다. 특히, 소설의 경우는 인물, 배경, 주제와 사건을 통해 온전히 해석해 나갈 수 있다. 다음으로 문학 작품의 등장 인물을 통해 심미적인 느낌을 느낄 수 있다. 슬픔과 기쁨, 보람 등을 인물을 통해서 독자 자신은 감동에 이르게 된다.
7.	어떠한 인재	중심문장	인공지능을 사용하는 현대 사회는 디지털 정보를 인간을 위해 처리할 수 있는 인재를 요구하고 있다.
		뒷받침문장	우선, 현대 사회가 요구하는 인재는 인간만이 지닌 공감 능력과 소통 능력을 발휘해야 한다. 인공지능과 과학 기술이 갈수록 발달되면 정보와 기술이 중요하게 될 것이다. 물론 이러한 정보처리와 기술은 중요하다. 그러나 인간만이 지니고 있는 공감 능력과 소통 능력이 없다면 이것들은 한갓 불필요한 지식이 될 것이다. 따라서 이 두 가지 능력을 지녀야 한다고 본다. 또한 인재는 인공지능에 의해 정리되는 지식에 지배를 받는 것이 아니라 비판적인 안목으로 평가하고 선택할 수 있어야 한다.
	어떠한 준비	중심문장	이와 같은 인재가 되기 위해서는 인문학에 대한 소양과 비판적인 태도를 길러야 한다.
		뒷받침문장	먼저, 문학, 철학, 역사학 등 인문학에 대한 소양을 길러야 한다. 평소에 관련된 책을 읽고 강의를 들어서 이 세계에 대한 지식과 가치를 풍성히 해야 한다. 다음으로, 논리적이고 비판적인 태도를 갖출 수 있도록 토론과 토의에 직접 참여하는 것도 좋은 방법이다.

8.	정의	중심문장	사람들은 삶의 보람을 경제적 성공으로 측정하는 경우가 있다. 물론 많은 경우 경제적 성공이 삶의 보람라고 볼 수도 있다. 그러나 전적으로 그렇게만 볼 수는 없다.
		뒷받침문장	필자의 생각으로는 사소한 어려움과 문제를 극복하고 가족과 친구들에게 잘 하는 것도 삶의 보람이기 때문이다. 학생의 경우, 다음 주 발표를 어떻게 준비해야 할지 모르지만 준비하고 준비하여 교수나 동료 학생으로부터 호평을 받았을 때 보람을 느낄 수 있다. 또한 몸이 불편하신 부모를 모시고 같이 동네 산책을 하고 맛있는 음식을 먹을 때 삶의 보람을 느낄 수 있다. 따라서 이렇게 사소한 일이지만 중요한 일을 하는 것도 경제적인 성공만큼이나 삶의 보람을 느끼제 해 주는 것이다.
	관계	중심문장	경제적 성공과 삶의 보람은 비례 관계라고 보기 쉽다. 그러나 경제적 성공을 해야 삶의 보람을 느끼는 것은 아니다.
		뒷받침문장	사람이 정신적인 성장을 하고 성실한 삶을 운영하는 것이 삶의 보람이라는 결과물을 만들기가 쉬울 것이다. 경제적인 성공이 중요한 것이지만 그것은 절더적이지 않다. 어느 정도 경제적인 성취를 이루었다면 더 중요한 정신적인 가치, 문화적인 가치를 추구해야 삶의 보람을 느낄 수 있다고 본다.
9.	이유	중심문장	신속한 변화를 요구하는 현대 사회에서 자기계발은 꼭 필요하다.
		뒷받침문장	우선, 자기 계발은 지금까지와는 다른 향상의 삶을 요구한다. 현재 가지고 있는 삶의 기술과 방법으로 살아왔다면 그것은 지나간 것이 되었다. 자기가 가지고 있지 않는 분야의 지식과 기술을 익히는 것이야말로 다른 인생을 사는 지름길이 된다. 또한 자기 계발은 성실성과 미래성을 바라볼 수 있게 돕는다. 현재의 일을 하면서 자기 계발을 하려면 성실해야 하고 다가오는 미래를 바라보아야 하기 때문이다.
	성과	중심문장	자기계발을 이루게 되면 여러 성과를 얻을 수 있다.
		뒷받침문장	먼저, 지금까지와는 다른 시각에서 세상을 바라보고 실천할 수 있다. 이전과는 다른 지식, 시각을 가지게 되었으므로 앞으로 나아가기 충분하다. 나아가 자아 계발을 함으로써 경력을 발전시킬 수 있다. 그래서 현재의 지식과 자아 계발의 지식을 연결지어 새로운 길로 나아갈 수도 있다.

10.

이유	중심문장	사회성을 타고난 인간에게 원활한 의사소통은 문제 해결을 할 수 있고 타인을 이해할 수 있으므로 중요하다.
	뒷받침문장	먼저, 의사소통을 원활하게 함으로써 문제 상황을 신속히 파악한다. 문제 상황을 알게 되면 그 문제를 풀 수 있다. 다음으로 타인과의 원활한 의사소통은 불필요한 갈등을 피할 수 있게 돕는다. 불필요한 갈등은 단체나 집단의 발전을 정체시킬 뿐이어서 그 갈등을 진화하는 것이 좋다. 나아가 원활한 의사소통은 타인을 이해하게 하는 역할을 한다.
성과	중심문장	의사소통을 원활하게 발휘하였을 때, 다양한 성과를 얻을 수 있다.
	뒷받침문장	우선, 의사소통을 원활하게 한다면 사람과 사람 사이에서, 집단과 집단 사이에서, 나라와 나라사이에 있는 문제를 쉽게 파악하고 그 문제를 해결할 수 있다. 원활한 의사소통을 함으로써 오해나 편견 등에서 벗어나 문제를 정확하게 보고 해결할 수 있다. 나아가 원활한 의사소통을 함으로써 친밀한 관계를 형성하고 원활하게 유지할 수 있다.

실전 문제

1.

이유	중심문장	세심한 차이를 중요하게 생각하는 현대사회에서 관찰력은 필요하다.
	뒷받침문장	먼저, 관찰력은 사물을 볼 때, 편견과 선입견을 내려놓고 바라볼 수 있게 한다. 인간은 사물이나 사람을 접할 때 편견과 같은 선지식으로 판단하는 경우가 많은데, 여기에서 벗어나 온전히 사물을 바라 볼 수 있게 하는 것이다. 또한 관찰력은 기존의 지식에다가 관찰된 결과를 합쳐 새로운 결과물을 만들 수 있게 돕는다. 이런 작업이 가능하다면 학업이나 업무에서 좋은 평가를 받을 것이다.
효과	중심문장	이와 같이 관찰력은 있는 그대로의 사물을 바라볼 수 있게 하므로 여러 효과를 가져올 수 있다.
	뒷받침문장	우선, 관찰력을 발휘함으로써 현실에서 문제의 해답을 발견할 수 있다. 문제는 크건 작건 그 해결 방법은 주위에 있다. 따라서 매사를 그냥 넘기지 않고 세심히 살펴본다면 문제의 해답을 발견할 수 있다. 또한 관찰력을 통하여 다른 사람의 모습과 행위에서 메시지를 발견하여 그에 맞게 행동을 할 수 있다.
노력	중심문장	이렇게 중요한 관찰력을 기르기 위해서는 단계적인 방법을 실천해야 한다.
	뒷받침문장	첫째, 사물을 접할 때는 선입견을 버리고 세심하게 관찰해야 한다. 이를 통해서 사물에 가까운 지식을 얻을 수 있다. 또한 관찰한 사실을 정리하고 그것들을 쌓아 공통점과 차이점을 파악해야 한다. 나아가 정리한 내용을 전문 서적을 읽어 확장된 지식을 갖거나 전문가에게 문의하여 답을 얻는다. 이러한 단계적 방법을 통해 관찰력이 발전될 것이다.

　　세심한 차이를 중요하게 생각하는 현대사회에서 관찰력은 필요하다. 먼저, 관찰력은 사물을 볼 때, 편견과 선입견을 내려놓고 바라볼 수 있게 한다. 인간은 사물이나 사람을 접할 때 편견과 같은 선지식으로 판단하는 경우가 많은데, 여기에서 벗어나 온전히 사물을 바라 볼

수 있게 하는 것이다. 또한 관찰력은 기존의 지식에다가 관찰된 결과를 합쳐 새로운 결과물을 만들 수 있게 돕는다. 이런 작업이 가능하다면 학업이나 업무에서 좋은 평가를 받을 것이다.

  이와 같이 관찰력은 있는 그대로의 사물을 바라볼 수 있게 하므로 여러 효과를 가져올 수 있다. 우선, 관찰력을 발휘함으로써 현실에서 문제의 해답을 발견할 수 있다. 문제는 크건 작건 그 해결 방법은 주위에 있다. 따라서 매사를 그냥 넘기지 않고 세심히 살펴본다면 문제의 해답을 발견할 수 있다. 또한 관찰력을 통하여 다른 사람의 모습과 행위에서 메시지를 발견하여 그에 맞게 행동을 할 수 있다.

  이렇게 중요한 관찰력을 기르기 위해서는 단계적인 방법을 실천해야 한다. 첫째, 사물을 접할 때는 선입견을 버리고 세심하게 관찰해야 한다. 이를 통해서 사물에 가까운 지식을 얻을 수 있다. 또한 관찰한 사실을 정리하고 그것들을 쌓아 공통점과 차이점을 파악해야 한다. 나아가 정리한 내용을 전문서적을 읽어 확장된 지식을 갖거나 전문가에게 문의하여 답을 얻는다. 이러한 단계적 방법을 통해 관찰력이 발전될 것이다.

2.

이유	중심문장	인생에서 학업의 출발점을 요구받는 청소년에게 수학 교육은 이성을 발전시키므로 필요하다.
	뒷받침문장	먼저, 청소년에게 수학 교육은 숫자에 대한 기술을 가르친다. 덧셈, 뺄셈, 나눗셈, 곱셈 등과 같은 숫자 계산은 세상을 살아가는 중요한 자산이 된다. 또한 청소년에게 수학 교육은 논리적인 추론을 가르침으로써 주관성보다는 객관성에 기반한 기준으로 세상을 볼 수 있도록 하는 역할을 한다.
효과	중심문장	이렇듯 수학 교육은 이성과 논리 중심적인 과목이므로 다양한 성과를 얻을 수 있다.
	뒷받침문장	먼저, 청소년에게 수학 교육을 함으로써 청소년은 문제를 정의하고 분석하여 해결할 수 있게 된다. 이는 수 및 언어로 된 문제도 수학식으로 바꾸어 문제를 해결할 수 있다. 아울러 수학 교육을 통해 청소년들은 논리적으로 사고할 수 있고 추론할 수 있게 된다. 가짜 뉴스나 잘못된 통계 등을 수학 교육을 통해서 판단할 수 있다.
노력	중심문장	청소년의 수학 교육을 돕기 위해서는 교사와 학부모가 나서야 한다.
	뒷받침문장	우선, 교사는 청소년에게 수학의 원리를 구체적으로 설명하고 청소년이 그 원리를 알 수 있도록 도와야 한다. 이렇게 해서 청소년이 주도적으로 문제를 풀 수 있도록 해야 한다. 다음으로, 학부모는 청소년이 수학 교육의 어려움에서 멈추려고 할 때 격려를 해야 하며, 심지어는 같이 고민하고 논리적인 추론을 같이 해야 한다. 이러한 노력이라면 청소년에게 수학 교육은 의미가 있을 것이다.

　　인생에서 학업의 출발점을 요구받는 청소년에게 수학 교육은 이성을 발전시키므로 필요하다. 먼저, 청소년에게 수학 교육은 숫자에 대한 기술을 가르친다. 덧셈, 뺄셈, 나눗셈, 곱셈 등과 같은 숫자 계산은 세상을 살아가는 중요한 자산이 된다. 또한 청소년에게 수학 교육

은 논리적인 추론을 가르침으로써 주관성보다는 객관성에 기반한 기준으로 세상을 볼 수 있도록 하는 역할을 한다. 이렇듯 수학 교육은 이성과 논리 중심적인 과목이므로 다양한 성과를 얻을 수 있다. 먼저, 청소년에게 수학 교육을 함으로써 청소년은 문제를 정의하고 분석하여 해결할 수 있게 된다. 이는 수 및 언어로 된 문제도 수학식으로 바꾸어 문제를 해결할 수 있다. 아울러 수학 교육을 통해 청소년들은 논리적으로 사고할 수 있고 추론할 수 있게 된다. 가짜 뉴스나 잘못된 통계 등을 수학 교육을 통해서 판단할 수 있다.

청소년의 수학 교육을 돕기 위해서는 교사와 학부모가 나서야 한다. 우선, 교사는 청소년에게 수학의 원리를 구체적으로 설명하고 청소년이 그 원리를 알 수 있도록 도와야 한다. 이렇게 해서 청소년이 주도적으로 문제를 풀 수 있도록 해야 한다. 다음으로, 학부모는 청소년이 수학 교육의 어려움에서 멈추려고 할 때 격려를 해야 하며, 심지어는 같이 고민하고 논리적인 추론을 같이 해야 한다. 이러한 노력이라면 청소년에게 수학 교육은 의미가 있을 것이다.

3.

장점	중심문장	신용 카드의 장점은 개인의 신용을 믿고 현금 대신 사용할 수 있다는 데에 있다.
	뒷받침문장	먼저, 신용 카드는 당장 현금이 없어도 물건을 구매할 수 있다. 또한 신용 카드로 계획적인 소비가 가능하다. 마지막으로, 신용 카드는 현명한 소비로 안내하는데 B·로 구매할 때 할인을 받는 상품이 많다는 점이다.
문제점	중심문장	그러나 신용 카드의 금전적 이득에도 과소비로 인한 문제가 생길 수 있다.
	뒷받침문장	먼저, 신용 카드를 가지고 있음으로써 충동적인 소비를 할 수 있다. 인터넷이나 텔레비전 쇼핑에서 화려하고 긴박한 자막과 목소리로 빠른 구매를 요구할 때, 우리는 신용 카드를 사용하곤 한다. 신용 카드를 사용할 때는 절약한 듯 하지만 시간이 흐른 뒤에 잘못된 선택이었음을 깨닫는다. 또한 신용 카드를 이용한 대출로 인한 빚을 질 수 있다.
의견	중심문장	앞에서 말한 신용 카드 사용의 문제점에도 불구하고 필자는 신용 카드의 사용이 현명한 소비의 하나라고 본다.
	뒷받침문장	앞에서도 말했듯이 신용 카드란 현금을 쓰지 않는 신용을 기반한 대체 현금 시스템이다. 이러한 신용 카드를 사용한다는 것은 소비자가 스스로 자기의 소비 습관을 형성한다는 의미가 있다. 당장은 신용 카드를 사용하여 문제가 생길지 모르지만 이러한 시행착오를 겪어 나가면서 신용 카드를 사용하여 유리해지는 방법을 배우는 것이다. 따라서 신용카드의 사용이 널리 권장되어야 한다고 생각한다.

	신	용		카	드	의		장	점	은		개	인	의		신	용	을	
믿	고		현	금		대	신		사	용	할		수		있	다	는		데
에		있	다		먼	저	,		신	용		카	드	는		당	장		현	금
이		없	어	도		물	건	을		구	매	할		수		있	다	.		또
한		신	용		카	드	로		계	획	적	인		소	비	가		가	능
하	다	.		마	지	막	으	로	,		신	용		카	드	는		현	명	한
소	비	로		안	내	하	는	데		바	로		구	매	할		때		할

인을 받는 상품이 많다는 점이다.

그러나 신용 카드의 금전적 이득에도 과소비로 인한 문제가 생길 수 있다. 먼저, 신용 카드를 가지고 있음으로써 충동적인 소비를 할 수 있다. 인터넷이나 텔레비전 쇼핑에서 화려하고 긴박한 자막과 목소리로 빠른 구매를 요구할 때, 우리는 신용 카드를 사용하곤 한다. 신용 카드를 사용할 때는 절약한 듯하지만 시간이 흐른 뒤에 잘못된 선택이었음을 깨닫는다. 또한 신용 카드를 이용한 대출로 인한 빚을 질 수 있다.

앞에서 말한 신용 카드 사용의 문제점에도 불구하고 필자는 신용 카드의 사용이 현명한 소비의 하나라고 본다. 앞에서도 말했듯이 신용 카드란 현금을 쓰지 않는 신용을 기반한 대체 현금 시스템이다. 이러한 신용 카드를 사용한다는 것은 소비자가 스스로 자기의 소비 습관을 형성한다는 의미가 있다. 당장은 신용 카드를 사용하여 문제가 생길지 모르지만 이러한 시행착오를 겪어 나가면서 신용 카드를 시행하여 유리해지는 방법을 배우는 것이다. 따라서 신용 카드의 사용이 널리 권장되어야 한다고 생각한다.

4.

	중심문장	외로움을 권하는 현대 사회에서 대인관계는 더 넓은 관계를 설정하므로 중요하다.
이유	뒷받침문장	우선, 대인관계는 다른 사람과 친밀한 관계를 설정하여 긍정적인 감정을 소통한다. 사람이 살아가면서 다른 사람과 친밀한 관계를 맺고 서로 밝게 인사하고 칭찬하고 격려하고 위로한다면 살아갈 맛이 날 것이다. 또한 대인관계는 서로 같은 이해를 공유하면서 이해하고 돕는 역할을 한다. 학교와 회사에서 상부상조할 수 있다.
	중심문장	그러나 갈수록 스마트폰과 인터넷에 몰두하는 지금 혼자의 생활을 즐기는 경우가 많아 대인관계가 안 될 수 있다.
이유	뒷받침문장	먼저, 대인관계는 서로를 이해해야 하는데 그렇지 못하고 자기의 주장만 강하게 주장하면 대인관계가 불가능해질 수 있다. 특히, 요즘 인터넷을 통한 여러 편파적인 주장을 보는 현대인이라면 자기와 맞는 사람이 없다고 느끼고 대인관계에 나서지 않을 수 있다. 나아가 1인 가구의 증가로 굳이 복잡한 대인관계를 맺기를 즐겨하지 않기 때문이다.
	중심문장	그럼에도 사람들 속에서 살아야 하는 우리 인간은 대인관계를 원만하게 맺어야 한다.
방법	뒷받침문장	첫째, 자기가 처한 곳에서 다른 사람을 배려하면서 말하면 좋은 효과가 있을 것이다. 둘째, 다른 사람이 말하지 않는다면 내가 말할 수 있도록 돕는다. 마지막으로, 일부러 비언어적인 소통을 늘려서 대인 관계를 맺어야 한다.

　　외로움을 권하는 현대 사회에서 대인관계는 더 넓은 관계를 설정하므로 중요하다. 우선, 대인관계는 다른 사람과 친밀한 관계를 설정하여 긍정적인 감정을 소통한다. 사람이 살아가면서 다른 사람과 친밀한 관계를 맺고 서로 밝게 인사하고 칭찬하고 격려하고 위로한다면

살아갈 맛이 날 것이다. 또한 대인관계는 서로 같은 이해를 공유하면서 이해하고 돕는 역할을 한다. 학교와 회사에서 상부상조할 수 있다.

그러나 갈수록 스마트폰과 인터넷에 몰두하는 지금 혼자의 생활을 즐기는 경우가 많아 대인관계가 안 될 수 있다. 먼저, 대인관계는 서로를 이해해야 하는데 그렇지 못하고 자기의 주장만 강하게 주장하면 대인관계가 불가능해질 수 있다. 특히, 요즘 인터넷을 통한 여러 편파적인 주장을 보는 현대인이라면 자기와 맞는 사람이 없다고 느끼고 대인관계에 나서지 않을 수 있다. 나아가 1인 가구의 증가로 굳이 복잡한 대인관계를 맺기를 즐겨하지 않기 때문이다.

그럼에도 사람들 속에서 살아야 하는 우리 인간은 대인관계를 원만하게 맺어야 한다. 첫째, 자기가 처한 곳에서 다른 사람을 배려하면서 말하면 좋은 효과가 있을 것이다. 둘째, 다른 사람이 말하지 않는다면 내가 말할 수 있도록 돕는다. 마지막으로, 일부러 비언어적인 소통을 늘려서 대인관계를 맺어야 한다.

5.

이유	중심문장	과제나 업무를 사람들 앞에서 발표하는 현대사회에서 발표 능력은 필요하다.
	뒷받침문장	먼저, 발표 능력은 청중의 요구를 고려하여 주제를 제시한다. 이러한 발표는 청중의 주목을 받으며 청중으로부터 인정을 받을 수 있다. 또한 발표 능력은 성실한 조사로 문제와 해결을 제시한다. 그래야 발표의 의미를 제시할 수 있다. 마지막으로, 발표 능력은 제스처와 같은 비언어적인 태도와 자신감 등을 키워 청중들의 이해를 돕는다.
성과	중심문장	이와 같이 청중을 위한 발표 능력은 발표자에게 다각도의 성과를 선사한다.
	뒷받침문장	첫째, 발표 능력은 발표자의 자신감을 키울 수 있다. 처음 발표할 때는 실수투성이지만 자주 발표하게 되면 자신감을 갖고 발표할 수 있다. 또한 발표 능력을 발휘함으로써 발표자는 단체 지도자로서의 역할을 할 수 있다. 나아가 발표 능력을 사용하여 학교나 직장의 과제나 업무를 공식적으로 정리할 수 있다.
노력	중심문장	이렇게 필요한 발표 능력을 키우기 위해서는 몇 가지 연습 단계가 있어야 한다.
	뒷받침문장	먼저, 발표자는 과제에 맞는 주제를 정확히 파악해야 한다. 다음으로, 청중이 누구이며 목적이 무엇인지를 설정해야 한다. 그리고 발표자는 간결하게 청중을 위해서 원고를 작성해야 한다. 마지막으로, 발표자는 발표를 위해서 여러번 연습하고 자신감 있게 발표해야 한다.

　　과제나 업무를 사람들 앞에서 발표하는 현대사회에서 발표 능력은 필요하다. 먼저, 발표 능력은 청중의 요구를 고려하여 주제를 제시한다. 이러한 발표는 청중의 주목을 받으며 청중으로부터 인정을 받을 수 있다. 또한 발표 능력은 성실한 조사로 문제와 해결을 제시한다.

그래야 발표의 의미를 제시할 수 있다. 마지막으로, 발표 능력은 제스처와 같은 비언어적인 태도와 자신감 등을 키워 청중들의 이해를 돕는다.

이와 같이 청중을 위한 발표 능력은 발표자에게 다각도의 성과를 선사한다. 첫째, 발표 능력은 발표자의 자신감을 키울 수 있다. 처음 발표할 때는 실수 투성이지만 자주 발표하게 되면 자신감을 갖고 발표할 수 있다. 또한 발표 능력을 발휘함으로써 발표자는 단체 지도자로서의 역할을 할 수 있다. 나아가 발표 능력을 사용하여 학교나 직장의 과제나 업무를 공식적으로 정리할 수 있다.

이렇게 필요한 발표 능력을 키우기 위해서는 몇 가지 연습 단계가 있어야 한다. 먼저, 발표자는 과제에 맞는 주제를 정확히 파악해야 한다. 다음으로, 청중이 누구이며 목적이 무엇인지를 설정해야 한다. 그리고 발표자는 간결하게 청중을 위해서 원고를 작성해야 한다. 마지막으로, 발표자는 발표를 위해서 여러번 연습하고 자신감 있게 발표해야 한다.